Das Stück „Mega Marisa kommt zu Besuch" ist der dritte Teil der Power-Kati-Reihe und wurde von der Pop- und Schauspiel AG im Forum des Alstergymnasiums Henstedt-Ulzburg aufgeführt:
Mi., 1. Juli/ Do., 2. Juli/ Fr., 3. Juli (zweimal) 2009.

Verschiedene Handlungsmotive aus dem Roman
von Edgar Wallace „Der rote Kreis" sind in das
Theaterstück „Mega Marisa" eingegangen.

Die Erzählung „Power Kati und die Tasse der Herzogin von Schönbrook" setzt die Geschichtenreihe um Power Kati und ihre Freunde fort.

© Stefan Burchert, StBV, Barmstedt 2012
Alle Rechte vorbehalten.
www.PowerKati.de
**Umschlagbild:**
**Ann-Kathrin Schug**
**Mitarbeit bei der Abschlussbearbeitung:**
**Merit Kasch**
Herstellung und Verlag:
BoD - Books on Demand, Norderstedt
ISBN 9783741267284

# Mega Marisa kommt zu Besuch
*Ein musikalisches Theaterstück mit Motiven von Edgar Wallace*

## 1. Lied: It´s not unusual

## 1. Szene:

*Zwei vermummte Gestalten (**Jack Jefferson und Lenny**) überfallen ein Schmuckgeschäft.*

**Die Schmuckgeschäftsfrau** *zieht, zur Seite gewandt, ihren Lippenstift nach.*
Jack Jefferson: Jetzt legen Sie mal schön Ihren Lippenstift beiseite und packen Sie stattdessen den Schmuck da in meinen Ökobeutel.
Lenny: Ja, alles in den Ökobeutel!
Jack Jefferson: Halt` die Klappe, Lenny!
Schmuckgeschäftsfrau: Aber...
Jack Jefferson: Keine langen Reden, machen Sie schon, die Polente wird eh gleich eintreffen.
Schmuckgeschäftsfrau: Und das ist ganz gut so, man sollte Sie ins Gef...
Jack Jefferson: Für Moralpredigten ist jetzt keine Zeit, packen Sie den Schmuck ein.
Lenny: Ja, für Moralpredigten bleibt jetzt keine Zeit.
Schmuckgeschäftsfrau *(den Schmuck einpackend)*: Ist ja gut.
Jack Jefferson: So, und jetzt her damit!
*Er nimmt den Beutel und geht aus dem Geschäft.*
Einen guten Tag noch die Dame.
Schmuckgeschäftsfrau: Eben dies wünsche ich Ihnen nicht, mein Herr!

*Unversehens betritt Privatdetektivin **Yasmina Yale** das Schmuckgeschäft.*
Yasmina Yale *(zur Schmuckgeschäftsfrau)*: Gestatten, ich bin Privatdetektivin Yasmina Yale. Ist etwas nicht in Ordnung? Ein Botenjunge rief in der Straße, dass hier eingebrochen worden sein soll.

Schmuckgeschäftsfrau: Das stimmt! Eben hat eine maskierte Person den wertvollen Schmuck gestohlen. Gerade ist er durch die Tür hinaus.

Yasmina Yale *(sich nachdenklich umsehend)*: Das war sicherlich schrecklich für Sie.

Da liegt etwas auf dem Boden. *Yasmina Yale hebt den Gegenstand auf.* Ein Lederarmband, hm, leider ohne Initialen.

*Zur Schmuckgeschäftsfrau.* Sagen Sie, verehrte Frau, gehört das Lederarmband Ihnen, oder lag es vorher schon hier?

Schmuckgeschäftsfrau: Nein, ich trage solch schäbige Armbänder nicht, und vorher lag es auch nicht da. Sie müssen wissen, ich bin eine ordentliche Schmuckverkäuferin.

Yasmina Yale: Das wollte ich auch nicht bezweifelt haben.

Schmuckgeschäftsfrau *(aufgeregt)*: Einer der beiden Einbrecher muss das Lederarmband verloren haben.

Yasmina Yale *(nachdenklich)*: Davon ist auszugehen.

**Inspektor Parr**, seine Vorgesetzte **Fiona Farrington** *(mit Regenschirm als Gehstock)* und sein Assistent **Barneby** *kommen hinzu.*

Parr *(seinen Ausweis zeigend)*: Inspektor Parr vom Stadtkommissariat. Hier ist eingebrochen worden?

Schmuckgeschäftsfrau: Ja, zwei maskierte Männer kamen herein, und plötzlich ging alles ganz schnell.

Yasmina Yale *(zu Inspektor Parr)*: Entschuldigen Sie, Inspektor Parr, dass ich vorgreife, aber ich habe mich schon einmal etwas umgesehen.

Parr: Nein, nein, das ist schon in Ordnung, Mrs. Yale.

Yasmina Yale: Dieses Lederarmband lag hier auf dem Boden, es gehört einem Matrosen aus der Hafengegend. Ich vermute, er stöbert in den städtischen Hafendocks herum.

Parr: Zeigen Sie mal her.

Yasmina Yale: Es weist gewisse Spuren auf, die mich darauf schließen lassen.

Parr: Sie sind berühmt für Ihre kriminalistischen Fähigkeiten, Mrs. Yale.

Yasmina Yale: Danke, Mr. Parr.
*Sie nimmt das Lederarmband zurück in die Hand, betrachtet es genauer.*
Der Besitzer des Armbands scheint an starken Zahnschmerzen zu leiden.
Parr *(ungläubig)*: Wie kommen Sie darauf?
Barneby: Das ist kriminalistischer Instinkt, antizipierende Intuition gewissermaßen.
Die Zeitungen sind voll von Mrs. Yales Können, ganz London schwärmt über ihre Erfolge bei der Verbrechensbekämpfung.
Parr: Ja, ich habe davon gehört. Aber ich vertraue lieber auf meine bewährten Methoden.
Fiona Farrington: Es soll Menschen geben, die für übernatürliche Dinge empfänglich sind, unterschätzen Sie so etwas nicht.

**Marisa** und ihre **Mutter Hedi** kommen mit Reisegepäck hinzu.
Marisa *(zu Mrs. Yale)*: Sind Sie die diensthabende Kommissarin?
Yasmina Yale *(auf Parr weisend)*: Eigentlich ist dieser Herr...
Parr: Ist schon in Ordnung.
Yasmina Yale: Na schön, hast du etwas zu berichten?
Marisa: Ja, dort hinten liegt ein verletzter Mann an einem alten Fass. Ich dachte mir, vielleicht hat er etwas mit dem Auflauf hier im Schmuckgeschäft zu tun. Außerdem sollten wir ihm helfen.
Fiona Farrington: Das Mädchen hat recht, lasst uns schnell nachsehen.

*Sie gehen an die Seite zu Lenny.*
Lenny *(benommen, sich das Kinn haltend)*: Was ist passiert?
Barneby: Das sollten wir besser Sie fragen.
Mutter Hedi: Sie sind ja alle herzlos. *Sie wendet sich Lenny zu.* Kommen Sie, Sie sind ja verletzt.
*Sie wischt ihm eine Stelle im Gesicht ab.*
Lenny *(sie schließlich leicht abwehrend)*: Ist gut, mir ist schon besser.
Mutter Hedi: Nun warten Sie doch, mit so etwas ist nicht zu spaßen.
Lenny *(schiebt sie beiseite)*: Eine dunkle maskierte Gestalt hat mich zu Boden geschlagen.

Schmuckgeschäftsfrau *(zu Lenny)*: Das mag ja sein, aber Sie waren selbst maskiert, mein Herr, ich erkenne Ihre Stimme wieder.
Fiona Farrington: Stimmt das?
Schmuckgeschäftsfrau: Aber ja. Dieser Mann hat zusammen mit dem anderen Schurken mein Schmuckgeschäft überfallen.
Lenny: Dieser Lump hat mich hintergangen. Bettelt mich um Hilfe bei einem Riesending an, wie er sagte, und lässt mich dann fallen wie eine heiße Kartoffel.
Parr: Das sollten Sie wissen, unter Ganoven gibt es kein Vertrauen.
Fiona Farrington *(zu Lenny):* Wie heißen Sie überhaupt?
Lenny: Lenny - Lenny Krawinsky.
Fiona Farrington: Habe ich richtig gehört, dass der andere Maskierte Sie für diesen Schmuckdiebstahl engagiert hat?
Lenny: Ja, das stimmt.
Parr: Kennen Sie denn diesen Mann?
Lenny: Nein, sein Gesicht hat er mir nie zu erkennen gegeben.
Parr: Verflixt, ich habe es befürchtet.
Fiona Farrington: Wo haben Sie sich denn getroffen?
Lenny: In den städtischen Docks hat er mich aufgespürt.
Fiona Farrington: Dann sind Sie Matrose?
Lenny: Ganz richtig.
Fiona Farrington *(zu Mrs. Yale)*: Mrs. Yale, Sie sind wirklich unglaublich. Diese Informationen haben Sie alle dem simplen Armband entnommen.
Lenny: He, woher haben Sie mein Armband?
*Er will es Mrs. Yale aus der Hand nehmen.*
Barneby: Halt, mein Herr, das Beweisstück ist konfekt..., ähm, konfisziert.
Fiona Farrington: Dieser Herr hat sich der Mittäterschaft schuldig gemacht. Barneby, setzen Sie ihn fest und führen Sie ihn ab.
Lenny: Nur zu, ich bin sogar froh, dass die Sache endlich vorbei ist. Ich habe solche Zahnschmerzen! Ah -
Fiona Farrington: Sie haben Zahnschmerzen?
Lenny: Ja, schrecklich, nicht wahr?
Fiona Farrington: Darum geht es jetzt nicht. *Zu Parr.* Es ist ja wirklich genial, wie Mrs. Yale diesem schlichten Lederarmband eben diese Information entnommen hat.

Parr *(zu Mrs. Yale)*: Respekt, Respekt – in der Tat eine detektivische Glanzleistung.
Yasmina Yale: Danke, keine Ursache, Mr. Parr.

**Fiona Farrington, Inspektor Parr, Barneby,**
*die anderen gehen ab.*

Fiona Farrington *(zu Parr)*: Inspektor Parr, ich denke, es ist nicht zu bestreiten, dass diese Privatdetektivin Mrs. Yasmina Yale über außerordentliche Fähigkeiten verfügt.
Parr: Ihre Ermittlungserfolge sind allerdings erstaunlich.
Fiona Farrington: Sie sagen es. Yasmina Yale hat bereits drei Fälle ähnlicher Art in souveräner Manier aufgeklärt. Bei Ihren Ermittlungen zu diesen Fällen, Mr. Parr, hat es allerdings etwas gehapert.
Parr: Mrs. Farrington, was wollen Sie damit sagen?
Barneby: Ich fürchte, Mrs. Fiona Farrington möchte damit gar nichts sagen. Aber sehen Sie einmal hier, Inspektor Parr.
*Er hält ihm die aktuelle Ausgabe der städtischen Zeitung hin.*
Parr: Ach, Firlefanz.
Barneby: Firlefanz? Hören Sie einmal, was die städtische Zeitung zu sagen hat:
**Inspektor Parr, leitender Inspektor des städtischen Kommissariats, weist in seinen Ermittlungen das Tempo einer Schnecke auf.**
Parr: Das ist die Ungeduld der Öffentlichkeit, allgemeiner Presserummel. Vernünftige Ermittlungsarbeit braucht ihre Zeit; ich vertraue auf meine bewährten Methoden.
Barneby: Das finde ich ja auch richtig, aber hören Sie weiter: Privatdetektivin Mrs. Yasmina Yale übertrifft mit ihren Ermittlungserfolgen die Fähigkeiten des Stadtkommissariats um Einiges.
Kurzum *(zu Parr und Fiona Farrington)*, die Öffentlichkeit fordert, dass Mrs. Yasmina Yale die Leitung des Stadtkommissariats übernimmt.
*Parr bewegt sich leicht beunruhigt.*
Fiona Farrington: Parr, wir kennen uns seit Jahren, und Sie haben viel für den guten Ruf des Stadtkommissariats getan, aber der

Innenminister drängt. Er fordert rasche Ergebnisse im Fall der Schmuckdiebstähle.
Kurzum: Ich habe nach einem Gespräch mit dem Innenminister beschlossen, dass Privatdetektivin Mrs. Yasmina Yale in die Ermittlungskommission des Stadtkommissariats aufgenommen wird.
*Zu Parr.* Sie arbeiten also mit Mrs. Yale zusammen?
Parr: Einen Versuch ist es Wert.

***Marisa und Mutter Hedi** kommen hinzu.*
Marisa: Mr. Parr, sehen Sie einmal, was ich bei der alten Tonne gefunden habe, wo der Einbrecher Lenny gelegen hat. *Sie reicht ihm eine Karte mit den Initialen JJ.*
Parr *(nachdenklich lesend)*: JJ – schon wieder diese Karte. Sie wurde bisher an allen Orten der Schmuckdiebstähle gefunden.
Marisa: Was bedeuten denn diese Buchstaben – JJ?
Parr: Hinter den Initialen JJ verbirgt sich ein gewisser Jack Jefferson, aber Genaueres ist über ihn noch nicht bekannt.
Mutter Hedi: Kind, jetzt lass uns aber weitergehen. Wir sind noch nicht einmal zu Besuch bei deiner Cousine Catherine angekommen – und schon steckst du deine Nase in solch gefährliche Sachen.

## 2. Szene:

*Bei Catherine zu Hause.* ***Marisa** und **Mutter Hedi** klopfen, **Catherine** und ihre **Mutter Ditte** öffnen.*

Mutter Ditte: Ach, hallo Hedi, hallo Marisa. Schön, dass ihr da seid.
Mutter Hedi: Hallo Ditte, schön, euch zu sehen.
*Sie reicht Catherine die Hand.* Hallo Catherine.
Catherine *(Tante Hedi mit einem Knicks die Hand reichend)*: Hallo Tante Hedi, hallo Marisa, meine liebe Cousine.
Marisa *(beim Hand- und Knicksgeben leicht hochspringend)*: Hallo Tante Ditte, hallo Cousine Catherine.

Mutter Ditte: Ach, Kinder, ihr könnt doch schön miteinander spielen, dann können Tante Hedi und ich in der Küche den Kuchen backen.
Catherine: Okay, machen wir.
Marisa *(voraushüpfend)*: Okay.

*In Catherines Zimmer.*

Catherine: Finde ich ja schön, dass Tante Hedi und du zu Besuch gekommen seid.
Marisa: Ja, ich freue mich auch. Was machen deine neuesten Projekte?
Catherine: Naja, wir waren im Urlaub auf Langeoog und jetzt mache ich hier noch ein bisschen Ferien.
Marisa: Nein, so meine ich das nicht. Was machst du als Power Kati? Du hast doch bestimmt wieder gemeine Skaterjungs auf dem Kieker, die du zur Vernunft bringen willst.
Catherine: Was sagst du da von Skaterjungs und Power Kati?
Marisa: Die ganze Stadt spricht seit den Osterferien von nichts anderem; sogar in dem Ort, in dem ich wohne, also in Fehlingsfehn, haben wir davon gehört.
Catherine: Marisa, ich glaube, du übertreibst wieder einmal ein bisschen. Ich habe auch schon von Power Kati gehört; aber seit den Osterferien ist es still um sie geworden.
Und ich bin schon gar nicht Power Kati *(lacht ehrlich, nicht verlegen)*.
Marisa: Doch, du bist Power Kati.
Catherine: Was für einen Blödsinn du da erzählst. Woher willst du das überhaupt wissen?

*Hinter einer Ecke kommen Stefanie 1-3, also **Stefanie rosa**, **Stefanie blau** und **Stefanie grün**, hervor.*

Stefanie 1-3: Von u*hu*ns.
Catherine *(überrascht)*: Was sind das denn für drei?
**Stimme aus dem Publikum**: Das möchte ich auch gerne mal wissen.
Stefanie rosa *(mit Knicks)*: Wir sind Stefanie,...
Stefanie blau *(mit Knicks)*: Stefanie...

Stefanie grün *(mit Knicks)*: ... und Stefanie.
Marisa: Du solltest sie aus der Schule kennen.
Catherine: Ja stimmt, sie gehen ein paar Klassen tiefer.
Stefanie grün: Genau, und vor einiger Zeit haben wir eine Power-Kati-Aktion von dir auf dem Bahndammweg beobachtet.
Stefanie blau: Du warst mit deinem Spezialfahrrad da, an das eine Nebelmaschine angebaut ist.
Stafanie rosa: Und damit hast du die gemeinen Skaterjungs eingenebelt...
Stefanie blau: ... und ihnen die Haarspangen abgenommen, die sie kurz zuvor Birthe und Carina weggenommen hatten.
Stephanie grün: Genau so war es.
Catherine: Ich weiß davon nichts, und ich habe Power Kati noch nie gesehen.
Stephanie blau: Das glauben wir dir gerne.
Stephanie rosa: ... höchstens im Spiegel.
***Stephanie 1-3** lachen und schlagen mit den Händen ein.*

# 3. Szene:

***Catherine und Marisa** in Catherines Zimmer.*

Catherine: Die drei Stefanies waren ja ganz süß und ulkig, aber du hast mich schon ein bisschen überrascht mit den dreien.
Marisa: Das sollte witzig sein, wir wollten dich nicht überrumpeln.
Catherine: Ist schon in Ordnung.
Marisa: Ist ja auch egal, ob du Power Kati bist oder nicht. Aber ich wollte dich noch etwas fragen.
Catherine: Klar, immer los.
Marisa: Hast du noch Kontakt zu Heinz, also zu Heinz, der dir immer so tolle Sachen bastelt. Damals den beweglichen Tannenbaum oder die Nebelmaschine für das Fahrrad.
Catherine *(lachend)*: Also von der Nebelmaschine weiß ich nichts, aber ich habe guten Kontakt zu Heinz.
Marisa: Oh, das ist toll, dürfte ich zu dem mal hingehen? B*ütte*.

Catherine: Klar kannst du das, ich rufe ihn gleich mal an.
*Sie wählt seine Nummer.*
Hallo Heinz. Wie geht´s, wie Otterstedt´s?
Ja, meine kleine Cousine Marisa ist zu Besuch hier und möchte dir einen kleinen Dienstbesuch abstatten.
Marisa: ... Dienstbesuch, du spinnst ja.
Catherine *(abwinkend)*: Ja, sie möchte bestimmt, dass du ihr etwas zusammenbastelst.
Was?
Nein, keine bewegliche Barbiepuppe.
Sie ist ganz in Ordnung, manchmal nur etwas kindlich.

*Marisa tritt ihr leicht ans Schienbein, Catherine winkt gelassen ab.*

Sie klingelt dann gleich bei dir an der Tür.
Okay.
Wenn du einverstanden bist, komme ich nachher auch noch einmal vorbei.
Tschüß, bis dann.
**Catherine** *legt auf.*
Marisa: Jetzt brauche ich nur noch das passende Gerät - und schwups, sind die Schmuckgeschäftsdiebe im Netz.
Catherine *(sich an der Stirn kratzend)*: Passendes Gerät? Schmuckgeschäftsdiebe?

## 4. Szene:

*Bei Heinz zu Hause. Marisa unterhält sich auf einer Bühnenseite bereits mit Heinz.*
*Catherine klopft, Frau Otterstedt, Heinz` Mutter, öffnet.*

Frau Otterstedt: Guten Tag Catherine, schön, dass du mal wieder reinschaust.
Catherine: Guten Tag, Frau Otterstedt.
Frau Otterstedt: Heinz ist in seinem Zimmer, er erwartet dich gewiss schon.
Catherine: Ja, das tut er.
Frau Otterstedt: Schön.

*Catherine geht in Heinz` Zimmer, wo sich **Heinz** bereits vertieft mit **Marisa** unterhält.*

Marisa: Danke Heinz, dass du mir das benötigte Material so schnell zur Verfügung stellen konntest. Das war super nett von dir.
Heinz: Bitteschön, das habe ich doch gerne getan. Kommen wir zum zweiten Projekt – zu deinem Mega-Marisa-Umhang.
Catherine *(für sich, ratlos)*: Mega-Marisa-Umhang?
Marisa: Du hast wirklich schon eine Idee für meine Tarnkleidung?
Heinz: Was heißt Idee? Der Umhang ist bereits fertig.
Marisa: Bereits fertig? Wie hast du das denn so schnell hingekriegt.
Catherine *(sich räuspernd)*: Hallo Heinz.
Heinz *(ganz vertieft)*: Moment, ich zeig ihn dir, Marisa.
Catherine *(lauter, bestimmter)*: Hallo Heinz, *(lächelnd)* wie geht´s, wie Otterstedt´s?
Heinz *(beiläufig, eine Spur abweisend)*: Ja, ja, ist ja gut, hallo Catherine.
***Catherine** verschränkt die Arme.*
Heinz *(zu Marisa)*: Also Marisa, ich habe das Stickmuster in den Computer eingegeben, und eine PC-gesteuerte Stickmaschine überträgt dann das Mega-Marisa-Logo auf deinen Umhang.
Marisa *(erstaunt)*: Wo hast du denn den Textildrucker her, so etwas steht nicht in jedem Schuppen herum.
Heinz *(charmant lächelnd)*: Nein, du kennst dich ja richtig aus. Meine Mutter arbeitet in der großen Textilfirma „Bolton Clothes & Wearing", und ich habe sie überredet, mir solch ein Sticker-Teil mitzubringen.
Marisa: Ist ja Wahnsinn. Magst du mir den Umhang einmal zeigen?
Heinz: Ja, mag ich.
Catherine *(Heinz nachäffend)*: Ja, mag ich...
*Catherines Gestik bleibt von **Heinz** und **Marisa** unbemerkt.*
Heinz *(gibt Marisa den Umhang)*: Hier, probier mal an.
Marisa: Wow, sieht ja toll aus.

*Marisa legt den Umhang um, sie wendet den Rücken zum Publikum, hinten drauf stehen untereinander die Initialen MM. Das untere M ist umgedreht, sieht also wie ein W aus.*
*Marisa, mit dem Rücken zum Publikum gewandt, stemmt die Arme in die Hüften.*
Marisa: Jetzt kommt Mega Marisa, Jack Jefferson – nimm dich in Acht!
*Catherine lächelt schmunzelnd.*
Heinz: Toll siehst du aus.
Catherine *(sauer)*: Oh - - - Tschüß Heinz.
Heinz: Ja, ja, tschüß.
*Catherine geht stampfend heraus.*

## 5. Szene:

*Catherine draußen, freies Feld, dann Straße.*

Catherine *(für sich)*: Eigentlich war Marisa ja ganz niedlich mit ihrem Umhang. *Sie lächelt.*
Jetzt ironisch. Ach nein, Mega-Marisa heißt sie ja jetzt. *Sie lacht verkniffen.*
Aber Heinz. *Ihn nachmachend.* Das habe ich doch gerne getan.
Und: Ja, mag ich.
Wie der sich auf einmal so tut.
*Sie setzt sich auf die Treppe, den Kopf in die Hände gestützt.*

*Ein Taxifahrer kommt, setzt sich auf den Bühnenrand.*
Catherine: Sind Sie Taxifahrer?
Taxifahrer: Ja.
Catherine: Das ist gut.

*Catherine geht zum Bühnenrand und setzt sich seitlich hinter den Taxifahrer auf einen Hocker.*
*Der Taxifahrer fährt los, deutet dies durch Steuerbewegungen an.*

Catherine *(halb für sich, halb zum Taxifahrer)*: Ja, ja, ist ja gut, hat er gesagt. - - -
Herr Taxifahrer, kennen Sie den Werner-Film, erster Teil?

Taxifahrer: Ja, ich kenne den Werner-Film, erster Teil. - - -
*Er steuert.*
Die Dame seien unerfreut über einen Freund?
Catherine: Keine Rede davon. Es handelt sich lediglich um einen entfernten Bekannten.
Taxifahrer: Verstehe. *Er verfolgt den Verkehr im Rückspiegel.*
Catherine: Haben Sie einen Namen?
Taxifahrer: Ja, Joe. Und, hast du auch einen Namen?
Catherine: Nein.
Taxifahrer: Ah ja.
*Er konzentriert sich aufs Fahren und sieht auf die Straße.*
Catherine: Und, wo fahren Sie gerade hin?
Taxifahrer: Saturnstraße 3.
Catherine: Ach, Sie spinnen.
Taxifahrer: Möglich.
Catherine: Und Sie wohnen wahrscheinlich in der Mondstraße 28.
Taxifahrer: Exakt.
Catherine: Mhm. Und was ist Ihr Beruf? Vermutlich Sternenkundler.
Taxifahrer: Nein, Taxifahrer.
Catherine: Ah ja.

## Lied 2: Joe le taxi
*Catherine singt.*

*Catherine setzt sich wieder ins Taxi. Joe macht Steuerbewegungen.*

Catherine: Das sieht hier ja beeindruckend aus - die ganzen Lastkräne, Container, ein großes Handelsschiff, Gabelstapler, Trucks - ein dicker Truck.
Taxifahrer *(sinnierend)*: 45 Tonnen...
*Er seufzt.* Mit solch einem 45-Tonner war ich unterwegs, als ich in Singapur meine Erika kennengelernt habe...
Catherine: Halt!

Taxifahrer: Was?
Catherine: Halten Sie bitte mal an.
*Taxifahrer hält an.*

Catherine: Ich glaube, da war eben Marisa - meine Cousine. Kommen Sie mit!
*Sie eilen zu Marisa (mit Umhang), die sich hinter einem Mauervorsprung versteckt.*
Marisa: Was macht ihr denn hier, ihr vermasselt mir die ganze Tour.
Catherine: Aber...
Marisa: Schscht, ich glaube, es geht los - duckt euch.
*Sie ducken sich.*

**Iris** *kommt aus der Tür des Schmuckgeschäfts „Richwave" heraus, sieht sich geheimnisvoll zu allen Seiten um und geht dann an die Fensterseite der Bühne. Dort zieht sie ihre Maske ab.*

Catherine *(erschreckend)*: Das ist ja Iris!
Marisa *(ernsthaft)*: Du kennst diese Diebin?
Catherine: Sie ist die große Schwester von Mareike.
Marisa: Mareike ist doch deine beste Freundin, soviel ich weiß.
Catherine: Ja, und Iris ist ihre ältere Schwester. Ich versteh` das gar nicht. Iris ist doch immer so nett zu uns.
Taxifahrer: Man sollte sich von Menschen niemals täuschen lassen: Ich habe meiner Erika auch vertraut, und am Ende war ich der Dumme...

*Iris fällt eine Schmuckkette aus der Tasche.*
Iris *(den Schmuck rasch wieder aufhebend)*: Verflixt, das hätte mir gerade noch gefehlt.
*Sie sieht sich rasch noch einmal zu allen Seiten um und geht dann von der Bühne ab.*

Taxifahrer: Kinder, das mag zwar eine heikle Sache gewesen sein, aber ich denke, ihr müsst jetzt nach Hause.
Catherine *(noch geschockt)*: Iris eine Diebin...
Marisa: Eine ausgemachte Betrügerin und Hochstaplerin!
Taxifahrer: Kinder, ich sagte bereits...

Marisa: Schscht, seid mal still, da kommt noch jemand!
*Sie ducken sich hinter dem Mauervorsprung.*

*Jack Jefferson (maskiert) hantiert am Türschloss.*
Catherine: Der bricht ja ein!
Marisa: Jack Jefferson!
Catherine *(verblüfft)*: Du kennst den Einbrecher?
Marisa: Wenn es um Power Kati *(malt Anführungszeichen in die Luft)* „so still" geworden ist, muss man eben alles alleine machen.
**Catherine** *zeigt einen verärgerten Gesichtsausdruck, verbirgt diesen jedoch vor Marisa.*
**Jack Jefferson** *betritt das Schmuckgeschäft und kommt nach kurzer Zeit wieder heraus.*
*Aus den Jackentaschen sieht man Schmuckketten heraushängen. Er sieht sich nervös zu allen Seiten um, klebt einen Aufkleber mit den Initialen JJ an die Tür und verlässt dann die Bühne.*

Marisa: Ich habe also Recht gehabt.
Catherine: Wieso?
**Marisa** *holt einen Stadtplan mit vier roten und zwei blauen Punkten als Markierungen heraus.*
Catherine *(staunend)*: Wow!
*Auch der **Taxifahrer** sieht staunend auf die Karte.*
Marisa: Na, klickert´s?
Catherine: Naja, so ungefähr.
Marisa: Die Punkte markieren sämtliche Schmuckgeschäfte dieser Stadt. Die mit rot markierten Läden wurden bereits ausgeraubt; die beiden blauen standen bis heute noch aus.
Catherine: Du meinst...
Marisa: Ja, heute wurde das vorletzte Schmuckgeschäft ausgeraubt.
Catherine: Und woher wusstest du, dass heute gerade dieses dran ist?
Marisa: Ich wusste gar nichts.
Kriminalistisches Gespür – würde Privatdetektivin Yasmina Yale sagen. Oder: Antizipatorischer Instinkt, wenn man sich an die Worte des kauzigen Assistenten von Inspektor Parr halten will.

Catherine *(für sich)*: Privatdetektivin Yasmina Yale? Inspektor Parr? Welche Leute Marisa alles kennt. Papa nennt manchmal diese Namen, wenn er beim Mittagessen aus der Zeitung vorliest.
Taxifahrer *(erstaunt)*: Dieses Mädchen ist ja unglaublich...
Marisa: Papperlapapp. Gleich morgen müssen wir zu Frau Detektivin Yasmina Yale, um ihr zu berichten, was wir gesehen haben.
Catherine: Moment, warum nicht zu Inspektor Parr? Der ist doch Inspektor der örtlichen Kriminalpolizei.
Marisa: Der ist nicht mehr der Jüngste, soll bei den Ermittlungen nicht so recht vorankommen.
Catherine: Naja, wir werden sehen.
Marisa: Kommt mal eben mit, ich habe noch etwas für euch, dort oben bei der Ladentür.
Taxifahrer *(sich den Kopf kratzend)*: Da bin ich ja mal gespannt. Das heißt, überraschen kann mich heute schon gar nichts mehr.

*Sie gehen zur Ladentür.* **Marisa** *hebt eine Matte mit Fußabdrücken auf.*

Marisa: Hier, auf dieser Matte sind die Fußabdrücke der beiden Gesetzesbrecher verewigt.
Catherine *(die Matte betastend)*: Die Matte ist mit Knetgummi eingestrichen.
*Zum Taxifahrer.* Sehen Sie einmal.
Taxifahrer: Ja, die Fußabdrücke sind deutlich zu erkennen.
Marisa: Der liebe Heinz war so nett, mir das detektivische Material zur Verfügung zu stellen.
Catherine *(sie nachahmend)*: Der liebe Heinz. - - -
Kommt, fahren wir.
Marisa: Schön.
*Sie gehen zum Auto (zum Bühnenrand) und fahren los.*

*Nach einer Weile,* **Iris** *taucht vor der Tür des Tanzlokals auf.*
Marisa *(zum Taxifahrer und Catherine)*: Hey!
Taxifahrer *(gelassen)*: Ich vermute, ich soll halten.
Marisa: Richtig geraten, schnell!
**Der Taxifahrer** *bremst.*
Marisa *(zur Tür deutend)*: Seht einmal da!
Catherine *(überrascht)*: Iris!
Catherine/Taxifahrer: Das Fräulein Iris !!!
Marisa: Die Diebin und Hochstaplerin.
Taxifahrer *(bedauernd)*: Oh...
Marisa: Seht einmal, sie betritt das Tanzlokal.
Taxifahrer: Na, verboten ist es jedenfalls nicht, tanzen zu gehen.
Marisa: Das vielleicht nicht. Aber ich vermute, das Lokal am Stadtfluss ist der Umschlagplatz für Diebesgut und ein Ort der Geldwäscherei.
Catherine: Da könnte etwas Wahres dran sein.
Taxifahrer: Lasst uns doch einmal hineingehen. Ich finde das hier ganz interessant.
Catherine *(ironisch)*: Aber nur aufgrund kriminalistischer Anhaltspunkte.
Taxifahrer: Ich verbürge mich dafür. *Leicht ironisch*. Rein kriminaltechnische Beweggründe.
Catherine: Na dann...

*Im Tanzlokal.* **Catherine und Marisa** *ziehen sich Kappen ins Gesicht, damit sie von Iris nicht erkannt werden. Weitere Anwesende:* **Taxifahrer, Wirtin, Iris, Ronnie, Tanzfrau.**

Wirtin: Herein, wenn´s kein Schneider ist.
Taxifahrer *(zur Wirtin)*: Zweimal Brause für die Kinders, einmal Malzbier mit einem Schuss Orange für den Käpt´n.
Marisa *(leicht aufgebracht)*: Kinders!
Catherine *(amüsiert)*: Käpt´n ... Obertrottel würd` ich eher sagen.
*Sie setzen sich an einen Tisch. Die Wirtin bringt die Getränke.*

***Iris und Ronnie*** *befinden sich im freundschaftlich-vertrauten Gespräch.*

Iris: Und dann ist dem Chef der ganze Tomatensaft auf das weiße Hemd gelaufen. *Sie biegt sich lachend zurück.*
Ronnie: War euch das gar nicht peinlich?
Iris: Ach was, der kann das ganz gut vertragen.

Catherine *(tuschelnd)*: Nach heimlicher Übergabe von Diebesgut sieht das aber nicht gerade aus.
Marisa: Das ist nur Täuschung, reine Ablenkung.

Wirtin *(nach vorne an den Bühnenrand tretend)*: Verehrte Damen und Herren, liebe Gäste. Kommen wir nun zu unserem all-abendlichen Musikprogramm. Exklusiv für Sie, direkt aus Saint Louis eingeflogen, spielt die Combo
„Slick Braid & the Foremoves".
Applaus für „Slick Braid & the Foremoves".

(***Marisa und Catherine*** *sitzen in gerader Haltung am Tisch und trinken mit Strohhälmen ihre Brause. Nur kurzzeitig bewegen sie sich im Rhythmus der nachfolgenden Musik.)*

## Lied 3: Gone Shootin`

***Iris und Ronnie*** *singen das Lied im Duett. Das Duett soll so angelegt sein, dass dezent erkennbar wird, dass die beiden im Verlaufe des Songs zu einem Paar werden. Am Schluss des Liedes reichen sie sich die Hand und gehen nach hinten.*
*Der* **Taxifahrer** *tanzt groovy mit der* **Tanzfrau**.

# 6. Szene:

*Am nächsten Tag.* **Catherine und Marisa** *klopfen an der Tür des Stadtkommissariats.*

Fiona Farrington: Mrs. Goodscale, könnten Sie bitte die Tür öffnen?
Mrs. Goodscale: Selbstverständlich, Mrs. Farrington.
    *Für sich.* Das sind ja Kinder.
    *Zu Fiona Farrington.* Es sind zwei Mädchen, Mrs. Farrington.
Fiona Farrington: Das ist schon in der Ordnung, lassen Sie die beiden nur eintreten.
Catherine: Vielen Dank, Mrs. Farrington. Wir haben zu dem Schmuckgeschäftsdiebstahl von gestern Abend etwas beizutragen.
Yasmina Yale: Das ist ja hochinteressant, schieß los.
Marisa: Zuerst trat eine Blondine aus dem Schmuckgeschäft, die unkenntlich war, und dann beging der vermummte Jack Jefferson den Überfall.
Fiona Farrington: Das können für uns alles wichtige Informationen sein. Bitte gebt alles, was ihr gesehen habt, bei Mrs. Goodscale zu Protokoll.

**Catherine und Marisa** *gehen mit* **Mrs. Goodscale** *an die Seite, wo sie ihr nicht hörbar Weiteres berichten. Mrs. Goodscale macht sich Notizen.*

Yasmina Yale *(zu Barneby)*: Barneby, bitte rollen Sie die Karte aus, die ich Ihnen heute Morgen gegeben habe.
Barneby: Sehr wohl, Sir.
Yasmina Yale: Ich lobe mir Beamten, die ihren Job ernstnehmen.
Barneby: Sehr wohl, Sir.
Parr: Ist ja schon gut, Barneby. Aber jetzt übertreiben Sie es nicht.
Barneby: Sehr wohl, äh, alles klar, Sir.
Parr: Mrs. Yale, was wollten Sie uns zeigen?

**Yasmina Yale** *rollt eine Karte aus, die ähnlich wie Marisas Karte die Orte der Schmuckläden aufzeigt.*

Yasmina Yale *(zeigt auf den letzten grünen Fleck)*: Sehen Sie, meine Damen und Herren, dieses ist das einzig noch verbliebene Schmuckgeschäft, das noch nicht überfallen wurde.

*Marisa und Catherine stoßen sich an.*

Parr: Mrs. Yale, wann meinen Sie, wird sich Jefferson dieses Geschäft vorknöpfen?
Yasmina Yale *(den Lolly aus dem Mund nehmend)*: Schon heute.
**Alle außer Parr und Yasmina Yale**: Oh!
Yasmina Yale: Diesmal hat sich Jefferson ein besonders dreistes Bubenstück ausgedacht.
*Sie holt einen Zettel aus der Jackentasche.*
Sehen Sie einmal hier. Dieses Stück Papier lag heute morgen in meinem Postfach.
Parr *(nimmt den Zettel, liest vor)*: Verehrte Mrs. Yale. Bitte halten Sie sich heute um 16 Uhr im Geschäftsraum des Juweliers Pearlbright bereit, um mir das Brilliantcollier der Prinzessin Nicewell zu übergeben.
Unten drunter steht: Keine Polizei!
Yasmina Yale: Kurzum, Jefferson verlangt, dass ich ihm das Collier in Mr. Pearlbrights Juweliergeschäft übergebe.
Fiona Farrington: Dieser tolldreiste Kerl. Diesmal schnappen wir ihn uns.
Yasmina Yale: Diesmal ist Jefferson zu weit gegangen.
Parr: Der Mann will uns an der Nase herumführen. Irgendetwas hat der vor. Wir sollten besser vorsichtig sein.

*Der Juwelier, **Mr. Pearlbright**, klopft an der Tür.*
Mrs. Goodscale: Mrs. Farrington, soll ich öffnen?
Fiona Farrington: Ich bitte darum, Mrs. Goodscale.
Mr. Pearlbright: Guten Tag, verehrte Damen --- *(Er zieht den Hut.)* --- Meine Herren.
Fiona Farrington: Mr. Pearlbright, bitte treten Sie ein.
Mr. Pearlbright: Danke, Mrs. Farrington. Gestatten Sie, ich bin in äußerster Sorge um mein Juweliergeschäft.
Fiona Farrington *(leicht resigniert)*: Wen wundert´s.
Mr. Pearlbright: Dieser schmuckversessene Jack Jefferson. --- Er will das Brillantcollier der Prinzessin Nicewell.

Fiona Farrington: Sie wissen von Jeffersons Plan?
Mr. Pearlbright: Ja, diesen Brief fand ich heute Morgen in meiner Mansarde.

*Fiona überfliegt den Brief kopfschüttelnd und gibt ihn an Parr weiter.*
Parr: Jefferson ist zweifellos sorgsam in seinen Vorbereitungen. Er fordert Mr. Pearlbright zur Freigabe des seltenen Colliers auf.
Yasmina Yale: Mr. Pearlbright, Sie sollten Jeffersons Drohung ernst nehmen, der Mann spaßt nicht.
Mr. Pearlbright: Und ob ich Jeffersons Drohung ernst nehme. Genau aus diesem Grund habe ich bereits etwas unternommen. Der Mann scheint nicht zu wissen, dass er es mit einem Pearlbright zu tun hat, ... einem Juwelier in vierter Generation.
Yasmina Yale: Wie ist das zu verstehen, dass Sie etwas unternommen haben? Sie sollten keine Alleingänge riskieren.
Mr. Pearlbright *(abwinkend)*: Papperlapapp, dieser Amateurdieb soll sich nicht so aufspielen.
Yasmina Yale: Tun Sie nichts, was Sie später bereuen könnten.
Mr. Pearlbright: Mit Verlaub, Mrs. Yale --- Wir Pearlbrights pflegen nichts zu bereuen. Jedenfalls habe ich sämtliche meiner Agenten aktiviert und alle möglichen Informationen über diesen Hochstapler Jefferson zusammentragen lassen.
Fiona Farrington: Haben Sie eine Spur? Dann lassen Sie es uns wissen. Ich sagte es bereits, ... der Innenminister versetzt mich in eine außerordentlich unangenehme ...
Mr. Pearlbright: Also gut, einer meiner französischen Agenten ist da auf interessante Sachverhalte gestoßen.
Yasmina Yale *(aufgerührt)*: Interessante Sachverhalte?
Mr. Pearlbright: Eben so, und ich brauche jetzt umgehend einen Agenten, der die Angelegenheit in Toulouse klären kann.
Parr: Barneby! Sie sind der richtige Mann dafür, machen Sie sich umgehend auf den Weg nach Toulouse. Sie brauchen nicht einmal eine Zahnbürste.
Barneby: Mit Verlaub, woher wollen Sie das wissen, Sir? - - -

Mr. Pearlbright: Sie können meinen Privatjet nehmen, er steht vor der Tür.
Yasmina Yale: Lassen Sie mich nach Toulouse fliegen, ich sollte den Fall in eigenen Händen...
Parr *(beschwichtigend)*: Ihr Einsatz in allen Ehren, Mrs. Yale, aber haben Sie vergessen, wo Sie in zwei Stunden sein sollen?
Fiona Farrington: Inspektor Parr hat Recht. Wir sollten auf Jeffersons Forderungen eingehen und unsererseits versuchen, ihm eine Falle zu stellen.
Parr: Richtig. Was meinen Sie dazu, Mrs. Yale?
Yasmina Yale *(leicht abwesend)*: Wie bitte? Ja, ja, selbstverständlich.
Barneby: Ich setz` mich dann in den Flieger.
Fiona Farrington: Ich wünsche Ihnen einen guten Flug.
Barneby: Auf bald.
Alle: Auf bald.

*Ein **Abfluggeräusch** ist zu hören.*

Fiona Farrington *(an alle gerichtet)*: Zurück zu unserem Fall. Sie waren doch gestern Abend alle am Ort des Schmuckdiebstahls. Gab es noch irgendwelche Auffälligkeiten?
Yasmina Yale *(wieder sachlich-überlegt)*: Nun ja, Jack Jefferson hat wieder sein mysteriöses Zeichen hinterlassen, und dann ist da noch etwas.
Parr: Nur ´raus damit, wir harren der Dinge.
Yasmina Yale: Die Kinder berichteten von einer Frau mit blonden Haaren, die vor Jefferson den Laden verlassen hat. *Zu Catherine und Marisa.* Das stimmt doch?
Catherine/Marisa: Ja, das stimmt.
Yasmina Yale: Diese junge Dame ist Mitte zwanzig und studiert Mineralogie.
Parr: Wie sind sie jetzt wieder auf diese Detailinformation gekommen?
Yasmina Yale: Am Türgriff fand ich mineralische Spuren, die mich zu diesem Schluss kommen ließen.
Fiona Farrington: In Ordnung, Mrs. Goodscale, schicken Sie umgehend zwei Beamten zum mineralogischen Institut. Die sollen den Leuten da mal ein bisschen auf die Finger fühlen.

Mrs. Goodscale: Ich bin schon unterwegs zur Hauptwache.
*Sie geht ab.*
Fiona Farrington *(durchatmend)*: Wir haben noch eine Stunde und fünfundvierzig Minuten bis zur Übergabe in Mr. Pearlbrights Schmuckgeschäft. Wir sollten jetzt besser mit den Vorbereitungen beginnen.

# 7. Szene:

*Catherine und Marisa klopfen an der Tür von Mareike und ihrer älteren Schwester Iris. Mareike öffnet die Tür.*

Catherine: Hallo Mareike.
Mareike: Hallo Catherine, schön dich zu sehen. *Sie umarmen sich.*
Iris *(gut gelaunt)*: Hallo, ihr beiden, was braucht ihr heute von mir?
Lasst mich raten --- einen Diaprojektor?
Catherine/Marisa: Nein.
Iris: Einen Eierkocher?
Catherine/Marisa: Nein.
Iris: Ich weiß, ich soll euch in sieben Minuten ein zweiseitiges Referat schreiben, das ihr morgen bei Herrn Brodick abgeben müsst.
Catherine/Marisa: Auch nicht.
Iris: Dann muss es in der Tat etwas Ernstes sein.
Kinder, ich habe immer Zeit für euch. Erzählt.
Catherine *(mit gesenktem Kopf)*: Da gibt es nicht viel zu erzählen.
Iris: Aber Catherine, warum bist du denn so betrippelt, das kenne ich doch sonst nicht von dir.
Marisa *(Iris ernst ansehend)*: Dafür hat sie guten Grund.
Iris: Na, ihr werdet euch schon wieder beruhigen. Ich muss ohnehin Vorbereitungen für meine Mineralogie-Exkursion treffen, die morgen beginnt. Mein Mineralogie-Professor benötigt eine genaue Beschreibung der Gesteinsschichten der Bergkämme im Teutoburger Wald. Ich lass` euch erst einmal allein. *Sie geht ab.*

Marisa: Habt ihr gehört; Iris studiert Mineralogie.
Catherine: Ich weiß.
Mareike *(leicht stolz)*: Sie macht demnächst ihren Abschluss.
Catherine *(erschreckend Marisa ansehend)*: Oh nein, Privatdetektivin Yasmina Yale hat herausgefunden, dass die Diebin von gestern Abend Minerlogiestudentin ist.
Marisa *(zu Mareike)*: Ich fürchte, die Luft für deine große Schwester Iris wird immer dünner.
Mareike: Wieso?
Catherine: Sie hat gestern Abend ein Schmuckgeschäft ausgeraubt.
Mareike: Was?
Marisa: Sie ist eine ausgemachte Diebin und Hochstaplerin.
Mareike: Das kann nicht sein.
Catherine: Das dachten wir zuerst auch, aber die Anhaltspunkte sprechen gegen sie.

Iris *(aufgeregt hereinkommend)*: Habt ihr einen orangefarbenen Zettel gesehen? Das ist meine Immatrikulationsbescheinigung von der Universität. Ich brauche sie für die ermäßigte Monatskarte für die Straßenbahn.
Alle anderen: Nein.
Iris *(unruhig suchend)*: Mist, wo kann die nun schon wieder sein.
*Sie geht wieder hinaus.*
Marisa: Seht ihr, wie unruhig sie ist. Das ist die Nervosität, schließlich will sie gleich das Brillantcollier der Prinzessin Nicewell rauben.
Mareike: Das kann nicht sein. --- Obwohl, wenn ich so recht bedenke, ihr Verhalten eben war schon recht ungewöhnlich. Und in den letzten Tagen hat sie auch häufig so geheimnisvoll getan. *Sie ahmt Iris nach.* Ich muss noch mal eben da und da hin.
Marisa: Wir dürfen Iris in den nächsten zwei Stunden nicht aus den Augen lassen. Vielleicht können wir dann das Schlimmste noch abwenden.
Mareike *(unternehmungslustig)*: Ich helfe euch dabei.
Iris *(hereinkommend)*: Mädchen, ich muss noch mal eben los.
Marisa: Das wissen wir.

Iris: Was, wie könnt ihr das wissen? Ihr seid heute wirklich merkwürdig.
*Sie schüttelt den Kopf.*
**Die drei Mädchen** schütteln ebenfalls den Kopf.
Iris: Tschüß, ihr Mädchen.
Die drei Mädchen *(gedämpft)*: Tschüß.
*Iris geht ab.*
*Kurz darauf klopft* **Ronnie** *an der Tür.*
Mareike: Oh nein, Ronnie, was machst du denn jetzt hier. Wir müssen dringend los.
Schließlich geht es um deine Angebetete.
Ronnie *(eintretend)*: Äh, hallo. Das ist aber ein unruhiger Empfang.
*Zu Mareike.* Wo ist denn deine Schwester Iris?
Mareike *(zu Catherine und Marisa)*: Ich folge Iris und unterrichte euch per Mobiltelefon, wo sie sich befindet. *Sie geht ab.*
Ronnie *(lachend)*: Ich glaube nicht, dass ihr Iris beschützen müsst.
Marisa: Wir beschützen sie auch nicht, wir überwachen sie.
Ronnie: Also ich gebe zu, in meinem Kopf befinden sich nur noch lauter Bahnhöfe.
Catherine: Wir erklären dir die ganze Sache. Eigentlich ist es ganz einfach. Iris ist eine Schmuckdiebin.
Marisa: Eine hinterhältige Tausendsasserin.
Ronnie: Aber ...

**Licht aus, Licht an (kurzer Zeitsprung).**

*Catherines Mobiltelefon klingelt, sie geht heran.*
Catherine: Hier bei Catherine. - - - *Zu den anderen.* Es ist Mareike.
Marisa *(zu Ronnie)*: Es ist Mareike.
Ronnie *(besorgt)*: Wie geht es Iris?
Catherine: Ihr **geht** es gar nicht. Sie befindet sich auf dem Weg zu Mr. Pearlbrights Juweliergeschäft. - - -
In Ordnung, wir sehen uns gleich auf der Brüstung des schräg gegenüber liegenden Hauses. - - -
Ja, wir verhalten uns ganz leise.
Ciao!
Ihr habt´s gehört, wir müssen sofort los.

Catherine: Ronnie, hast du ein Auto?
Ronnie *(zögernd)*: Ja, ich habe ein Auto.
Catherine: Also, worauf warten wir noch?
Ronnie: Ich meinerseits warte zur Zeit auf meinen Führerschein.
Marisa: Was meinst du damit?
Ronnie: Kurzum, mir wurde der Führerschein für vier Wochen abgenommen.
Catherine: Warum?
Ronnie: Wegen platzverschwendenden Parkens.
Catherine: Was?
Ronnie: Naja, ich habe etwas in Eile eingeparkt und dabei versehentlich anderthalb Parkplätze besetzt, schwups – war der Lappen weg.
Catherine: Das ist ärgerlich, lässt sich aber jetzt nicht ändern. Ich werde Joe, den Taxifahrer, anrufen.
Marisa *(neckend)*: Ich denke, das ist ein Obertrottel.
Catherine: Ist er ja auch, aber in besonderen Fällen können auch Obertrottel nützlich sein.
Marisa: Also los, ruf` deinen Sternenkundler an, wir haben keine Zeit zu verlieren.
Catherine: Ach, du spinnst.
*Sie wählt.* Ist da der Herr Obertrottel, nein der Sternenkundler?
Ach, Entschuldigung. Spreche ich mit Joe, dem Taxifahrer? - - -
Sie müssen sofort kommen, es geht um die Schmuckaffäre. - - -
Beim Schmuckgeschäft des alten Pearlbright. - - -
Sind gleich da? Okay, vielen Dank.

# 8. Szene:

*Beim Auto.*
Marisa: Ich habe Stefanie 1 bis 3 hierher gebeten.
Stefanie rosa: In Notfällen sind wir stets bereit.
Stefanie blau: Allzeit in Alarmbereitschaft.
Stefanie grün: Joe, schmeiß den Wagen an.
Taxifahrer Joe: Auf geht´s.

*Im Auto (Treppe auf der Fensterseite).*
**Refrain *(alle singen)*:**
We roll, let´s go,
Taste the road, go fast, not slow.

**Strophe *(Vorsänger singt)*:**
Bad deal, break the seal,
Catch the thief, that´s what I need.

**Refrain *(alle singen)*:**
We roll, let´s go,
Taste the road, go fast, not slow.


Taxifahrer Joe: Wir sind da. Dort drüben ist das Schmuckgeschäft Pearlbright. Und schräg gegenüber liegt das Haus mit der Brüstung.
Catherine: Ja, ganz so, wie Mareike es beschrieben hat.
Marisa: Wenn wir Glück haben, können wir von dort aus die Vorgänge in dem Schmuckgeschäft beobachten. Die Wände bestehen fast ausnahmslos aus Glas. Catherine, vergiss nicht dein Fernrohr.
Catherine: Okay, ich hab` es.
*Sie gehen zur Nebenbühne an der Fensterseite.*

## 9. Szene:

*Im Schmuckgeschäft.* **Yasmina Yale, Parr, Fiona Farrington, Mr. Pearlbright.**

Yasmina Yale: Ich denke, wir sollten es folgendermaßen machen. Ich gehe alleine mit dem Brillantcollier in Mr. Pearlbrights Zimmer. Sie warten im Vorraum, um einzugreifen, wenn etwas Unvorhergesehenes geschehen sollte. Aber es kann nichts Unerwartetes passieren. Das gesamte Gebäude ist von Beamten der städtischen Polizei umstellt.
Fiona Farrington: Mrs. Yale, meinen Sie wirklich, dass es eine gute Idee ist, ganz alleine in den Raum zu gehen?

Yasmina Yale: Ich fürchte, mir bleibt nichts anderes übrig. Jack Jefferson verlangt die alleinige Übergabe durch mich. Und wir erhalten die Möglichkeit, ihn zu fassen.
Parr: Ich habe kein gutes Gefühl bei der ganzen Sache.
Aber wir haben wohl kaum mehr eine andere Wahl. In fünf Minuten ist der Übergabetermin.
Yasmina Yale: Mr. Parr, wenn irgendetwas passiert, rufe ich.
Parr: In Ordnung, Mrs Yale.
Mr. Pearlbright: Ob heute oder anderntags, den Kerl knöpfe ich mir vor.
*Sie gehen ab.*

## 10. Szene:

*Yasmina Yale befindet sich **alleine** in Mr. Pearlbrights Geschäftszimmer. **Das Licht ist aus.***
*Im Folgenden sind nur Stimmen zu hören. Man hört zunächst Rumpelgeräusche.*

Mr. Parr *(aus dem Vorraum)*: Ist alles in Ordnung, Mrs. Yale?
Yasmina Yale: Ja, alles in Ordnung, machen Sie sich keine Sorgen, Mr. Parr.
*Weitere Rumpelgeräusche sind zu hören.*
Fiona Farrington: Was bockert da so?
Mr. Parr: Mrs Yale, ist irgendetwas?
Yasmina Yale: Mmmh ...
Mr. Parr: Mrs Yale?
Fiona Farrington: Wir müssen rein, irgendetwas stimmt da nicht.

***Parr**, **Fiona Farrington** und **Mr. Pearlbright** betreten den Raum, das Licht geht an.*
***Mrs. Yale** befindet sich bewusstlos, gefesselt auf dem Stuhl. Ein Aufkleber mit den Initialen **JJ** ist zu sehen.*

Mr. Parr *(entsetzt)*: Mrs. Yale!
Fiona Farrington: Sie sind ja gefesselt. - - - Und es riecht nach Blausäure. Wir müssen schnell das Fenster öffnen.
***Parr** öffnet das Fenster.*

Fiona Farrington *(an Yasmina Yales Schulter rüttelnd)*: Was ist mit Ihnen. Aufwachen!
  *Zu Mr. Parr.* Sie ist ohnmächtig.
Parr: Ja, von Blausäure betäubt.
  *Er rüttelt an Mrs. Yale.* Mrs. Yale, wachen Sie auf!
Yasmina Yale *(aufwachend)*: Wo bin ich, was ist passiert?
Fiona Farrington *(zu Parr)*: Sie kommt zu sich.
Yasmina Yale *(sich den Kopf haltend)*: Aaah, ich muss betäubt worden sein. Ich setzte mich mit dem Brillantcollier auf den Stuhl. Plötzlich ging das Licht aus, und dann muss ich ohnmächtig geworden sein.
Fiona Farrington: Warten Sie, wir lösen Ihnen die Fesseln.
**Fiona Farrington und Parr** *lösen die Fesseln.*
Fiona Farrington *(ironisch)*: Das Brillantcollier ist natürlich weg.
Mr. Pearlbright: Schöne Bescherung.
Parr *(den Aufkleber mit den Initialen JJ in die Hand nehmend)*: Und wieder diese verflixten Initialen.

**Parr, Fiona Farrington und Mrs. Yale** *gehen ab.*
**Das Licht bleibt an.**

# 11. Szene:

***Catherine, Marisa, Mareike, Ronnie, Taxifahrer Joe,
Stefanie 1-3** auf der Brüstung.*

Stefanie rosa: Jetzt haben wir uns hier so schön postiert. Und nur weil das Licht aus war, haben wir nicht gesehen, wer der Dieb war.
Stefanie grün: Das kann echt nicht angeh´n!
Marisa: Wartet, da kommt noch jemand.

***Iris** kommt auf der Bühne hinter einer Ecke hervor, zieht sich die Maske ab und sieht sich heimlich zu allen Seiten um.*

Iris: So, das hätte geklappt. Jetzt nichts wie weg hier. *Sie geht ab.*

Mareike: Das war ja Iris, meine Schwester.
Ronnie *(geschockt)*: Mein Irilein.
Marisa: Ja, leider ist sie eine verkappte Schmuckliebhaberin.
Stefanie blau: Am Ende ist Iris selbst Jack Jefferson und damit eine gefürchtete Schmuckdiebin.
Catherine: Ob sie selbst Jack Jefferson ist, steht noch nicht fest. Aber sicher ist, dass sie mit den Schmuckdiebstählen zu tun hat.
Ronnie *(immer noch leicht geschockt)*: Meine Iribiri.
Stefanie rosa: Es bleibt keine Zeit zum Lamentieren. Wir müssen sofort zu den Kommissaren. Schnell, noch befinden sie sich bestimmt in Mr. Pearlbrights Geschäft.

*Sie gehen auf die Bühne ins Geschäft.* **Fiona Farrington, Yasmina Yale und Mr. Pearlbright** *kommen hinzu.* **Parr ist nicht dabei.**

Marisa *(aufgeregt)*: Ist Privatdetektivin Mrs. Yasmina Yale noch hier?
Yasmina Yale *(hervortretend)*: Ja. Ach ihr seid´s wieder, die Damen Hobbydetektive.
Stefanie rosa: Genau, und wir haben wichtige Neuigkeiten zu berichten.
Yasmina Yale: Ja, bitte erzählt. Wir können jeden Hinweis dringend gebrauchen.
Stefanie grün: Es besteht dringender Tatverdacht, dass Iris Sie, Mrs. Yale, gefesselt und das Brillantcollier entwendet hat.
Yasmina Yale/Fiona Farrington: Was?
Stefanie blau: Kurz nach dem Überfall sahen wir Iris aus einem Schrank herauskommen, das Brillantcollier in den Händen.
Fiona Farrington: Wir müssen sofort eine Großfahndung...
Parr *(den Raum betretend)*: Halt! Bevor voreilige Schlüsse gezogen werden, sollten wir weitere bedeutsame Fakten heranziehen.
Mareike *(verwundert)*: Papa, du hier?
Parr: Ja, ich arbeite an dem Fall der Schmuckdiebstähle.
Mareike: Naja stimmt, du darfst über Näheres deiner Fälle ja nichts erzählen - - -
wegen der Geheimhaltungspflicht.

Parr: Genau.

Stefanie grün: Wir wussten ja, dass dein Vater bei der Polizei ist, aber dass er an solch heißen Eisen dran ist, war uns unbekannt.

Parr: Das ist ja auch ganz richtig so. Außerdem ist **Parr** mein dienstlicher Deckname, sonst würde meine Familie von den Zeitungsfritzen nie in Ruhe gelassen.

Fiona Farrington: Das stimmt, in letzter Zeit wurden Sie von der Presse schon arg kritisiert. Aber zu den Fakten, welche neuen wichtigen Hinweise haben Sie vorzubringen?

Parr: Mr. Pearlbright, bitte übernehmen Sie.

Mr. Pearlbright *(hervortretend)*: Barneby hat sich eben per Funkgerät bei mir gemeldet. Er befindet sich gerade im Anflug des städtischen Flughafens. Er müsste gleich hier sein.

*Man hört das Geräusch eines landenden Flugzeugs,*
**Barneby** *tritt auf.*

Barneby: Gerade komme ich mit dringenden Neuigkeiten aus Toulouse.

**Barneby** *übergibt* **Fiona Farrington** *ein Schreiben.*

Fiona liest: Was? Hmhmhm, hmhm.
Das ist ja...
Nun ja, dann teile ich Ihnen mit, was Barneby in Toulouse ermittelt hat.
Vor fünf Jahren ist ein bekannter Schmuckdieb aus dem Gefängnis von Toulouse ausgebrochen, und verschiedene Spuren führen in unsere Stadt.
Die Einbruchsmethoden in unserer Stadt gleichen denen der Einbrüche in Toulouse vor sieben Jahren.
Zudem, so haben Mr. Pearlbrights Agenten herausgestellt, verfügt der Schmuckdieb über bestimmte französische Merkmale in seiner Aussprache. Und an eben diese französischen Sprachkennzeichen hat Herr Lenny Krawinsky sich im Nachhinein wieder erinnert.

Parr: Die Rede ist von Lenny Krawinsky, der Jack Jefferson bei einem seiner Überfälle assistiert hat. Aus diesem Grund fällt der Verdacht auf eine bestimmte Person.

Yasmina Yale: Meinen Sie nicht, das klingt etwas weit hergeholt. Ich meine, es gibt sicher viele Menschen, die ähnliche französische Sprechmerkmale aufweisen.
Nach meinen detektivischen Untersuchungsmethoden scheint mir diese Frau Iris höchst verdächtig.
Parr: Ich habe Ihnen von Anfang an gesagt, dass ich von Ihren traumtänzerischen Methoden nichts halte und besser auf meine vernunftgemäßen Untersuchungsweisen vertraue.
Yasmina Yale: Ich bitte Sie...
Fiona Farrington: Weiter heißt es in dem Schreiben, dass sich auf dem linken Arm des Beschuldigten eine Eingravierung befindet, die zweimal dem Buchstaben J gleicht.
Barneby: Also JJ, ganz so wie bei dem Schmuckdieb Jack Jefferson.
Fiona: Allerdings handelt es sich bei der gesuchten Person um eine Frau.
*Allgemeines Raunen.*

Fiona Farrington: Der Name ist, den Initialen JJ entsprechend, Janina Jaleson. Kurzum: Mrs. Yasmina Yale wird verdächtigt, eben diese gesuchte Janina Jaleson zu sein.
Yasmina Yale: Aber Mrs. Farrington, Sie belieben zu scherzen.
Fiona Farrington: Ich bin leitende Kommissarin des Stadtkommissariats. Da beliebe ich in solchen Angelegenheiten nicht zu scherzen.
Marisa: Das kann nicht sein, dann müssten Mrs. Yasmina Yales Schuhsohlen zu diesen Gipsabdrücken passen, die ich gestern beim Schmuckdiebstahl erstellt habe.
*Marisa passt den Gipsabdruck bei Yasmina Yale an.*
Er passt!

*Allgemeines Raunen.*
*Parr zieht Mrs. Yale den linken Ärmel hoch, auf der sich die Initialen JJ befinden.*
*Allgemeines Raunen.*

Fiona Farrington: Yasmina Yale ist die Täterin.

Parr: Ich hatte sie schon lange in Verdacht, und dann habe ich gemeinsam mit Mr. Pearlbright die gezielten Untersuchungen angestellt.

Catherine: Aber was ist mit Iris? Sie hat sich schon sehr verdächtig verhalten.

Parr: Das mag nach außen hin so ausgesehen haben. Iris war in diesem Fall meine Assistentin. Marisa, außer deinen Fußabdrücken und den Initialen auf dem Arm kann Iris den entscheidenden Beweis vorbringen.

Iris *(auftretend)*: Genau. Als das Licht bei dem heutigen Raub aus war, habe ich die Vorgänge mit einem speziellen optischen Gerät beobachtet. Ich hatte mich im Schrank versteckt. Mrs. Yasmina Yale hat zunächst das Brillantcollier eingesteckt, sich anschließend selbst gefesselt und sich dann selbst betäubt.

Yasmina Yale *(wütend)*: Sie, Sie...

Mr. Pearlbright: Ein alter Pearlbright lässt sich eben nicht von solch einer Aufschneiderin hintergehen.

Parr: Barneby, nehmen Sie der Dame das Diebesgut ab!

Barneby *(nimmt die Kette aus ihrer Jackentasche)*: Hier ist das begehrte Objekt.

*Er zieht Jeffersons Maske hervor.*

Und hier ist auch die Diebesmaske.

*Er setzt sie Yasmina Yale auf. Er erschrickt.*

Jack Jefferson!!!

Yasmina Yale: Ja, so habe ich gearbeitet. Und bei den Überfällen habe ich meine Stimme verstellt. In etwa so:

**Der Darsteller Jack Jeffersons spricht, Mrs. Yale macht die Mundbewegungen!**

Jetzt legen Sie mal schön Ihren Lippenstift beiseite und packen Sie stattdessen den Schmuck da in meinen Ökobeutel...

Keine langen Reden, machen Sie schon, die Polente wird eh gleich eintreffen...

*Mrs. Yale wieder mit ihrer normalen Stimme.*

Nur zu dumm, dass ich meine Stimme nicht verstellt habe, als ich den alten Lenny Krawinsky engagiert habe. Hat dieser Kerl doch glatt meine Stimme erkannt. Er war mit mir gemeinsam in Toulouse im Knast.

Catherine: Iris, aber warum warst du vorgestern bei diesem anderen Schmuckgeschäft Richwave, kurz bevor Jack Jefferson, äh, ich meine, Mrs. Yasmina Yale dort eingebrochen hat.
Iris: Dass Jefferson so schnell kommen würde, hätte ich auch nicht gedacht.
Aber ich bin von Papa und dem städtischen Schmuckgeschäftsverband beauftragt worden, das Brillantcollier der Prinzessin Nicewell in Sicherheit zu bringen und es zu verwahren.
Marisa: Und wo hattest du das Collier in der Disco?
Iris: Wir Frauen haben da so unsere Verstecke.
*Sie fasst sich an den Ausschnitt.*
Ronnie: Wow, diese Frau ist ja wirklich unglaublich.
Barneby: Kuriose Sache das. *Zu Iris.* Hier ist noch ein Zettel. Fräulein Iris, Ihr Name steht drauf.
Iris: Meine Immatrikulationsbescheinigung von der Universität. Ich muss sie vorgestern im Schmuckgeschäft verloren haben, als ich das Collier der Prinzessin Nicewell gesichert habe.
Fiona Farrington: Mrs. Yale, von wegen hellseherische Fähigkeiten. Sie haben Iris` Studienbescheinigung gefunden, und deswegen wussten Sie, dass sie Mineralogie studiert. Wie konnte ich nur so auf Sie reinfallen.
Parr: Und von Lennys Zahnschmerzen wusste sie deswegen, weil Lenny ihr Komplize war.
Barneby *(klopft Parr auf die Schulter)*: Mr. Parr, Ihre Methoden haben sich also doch bewährt.

**Yasmina** *versucht unvermittelt zu flüchten.*
**Stefanie 1-3** *stellen sich ihr in den Weg.*

Yasmina Yale *(sie schubst Stefanie 1-3 weg)*: Aus dem Weg!
*Sie läuft zu einer Seite der Bühne.*

**Heinz, verkleidet als Power Kati,** *stellt ihr einen Fußhaken.* **Yasmina Yale** *fällt hin.*

Alle *(erstaunt)*: Power Kati!
Stefanie rosa: Das war Power Kati, Power Kati hat Yasmina Yale von der Flucht gehindert.

Stefanie blau/Stefanie grün: Wow.
**Power Kati** *geht über die ganze Bühne zur Tür und verschwindet dann wieder.*

Parr *(entschlossen)*: Barneby, nehmen Sie diese Mrs. Yale fest und bringen Sie sie ins Untersuchungsgefängnis Dartmoor.
Barneby: Wie Sir befehlen. Mrs. Yale, Sie sind festgenommen. Bitte kommen Sie mit.

**Yasmina Yale** *steht auf,* **Barneby** *führt sie ab.*
Yasmina Yale: Ach, lassen Sie mich doch.

*Ronnie und Iris im Vordergrund.*
Ronnie: Ach, Iris, ich bin ja so froh, dass du keine Diebin und Hochstaplerin bist.
**Marisa** *lacht.*
Iris: Mein Ronnielein. Mir fiel es ja auch nicht leicht, so geheimnisvoll zu tun und dir von der ganzen Sache nichts zu erzählen.
Aber jetzt ist alles vorbei, und wir brauchen voreinander keine Geheimnisse mehr zu haben.
Ronnie: Und ich habe deine draufgängerische Seite kennengelernt. Du hast mich ziemlich beeindruckt damit...
Iris: Nur beeindruckt?
Ronnie: Noch viel mehr.
*Sie legen die Hände ineinander,* **Iris** *schlägt schüchtern die Augen nieder.*
Parr *(hervortretend)*: Ich wünsche euch beiden alles Beste.
Iris: Danke, Papa.
Mareike: Ich auch, meine große Schwester Iris.
Iris: Danke, meine kleine Schwester Mareike.

## Lied 4: **Chasing Pavements** *(Iris und Ronnie im Duett)*

# 12. Szene:

*Bei Catherine zu Hause.* **Catherine und Heinz.**

Catherine: Das war das zweite Mal, dass du dich als Power Kati verkleidet hast und mir aus der Klemme geholfen hast. Marisa war kurz davor, das Geheimnis der Power Kati zu lüften.
Heinz: Ist doch selbstverständlich. Aber wenn du dich dafür erkenntlich zeigen möchtest, dass ich dir wieder einmal aus der Patsche geholfen habe, hätte ich nichts dagegen.
Catherine: Ich kann mir schon vorstellten, womit ich mich erkenntlich zeigen sollte...
Aber vorerst habe ich eine Flasche gelbe Brause und zwei Becher mitgebracht.
Heinz: Wie gehabt. - - - Wir haben allen Grund zu feiern.
Hier ist dein Power Kati-Shirt. Vielleicht kannst du es demnächst wieder einmal gebrauchen.
Catherine: Ja, ich werde es brauchen, danke.
*Sie legt das Shirt über eine Stuhllehne. Beide gehen ab.*

**Marisa** *kommt auf die Bühne, nimmt das Power Kati-Shirt in die Hand.*

Marisa: Das ist ja das Power Kati-Shirt. Wie kommt das denn hierher?
Mutter Hedi *(durch die Tür eintretend)*: Marisa, kommst du? Wir wollen zurück nach Hause nach Fehlingsfehn. Der Zug fährt gleich ab.
Marisa *(legt das Shirt zurück)*: Ja, ich komme.
*Sie läuft zur Mutter, sie gehen ab.*

## 5. Lied: Bing Bang
## 6. Lied: We can leave the world

# Power Kati
# und die Tasse der Herzogin von Schönbrook

## 1

Mein Name ist Linda, und ich möchte Euch davon erzählen, was ich im letzten Sommer mit Catherine erlebt habe. Das heißt, ich dachte, dass es Catherine war, die als Power Kati über die Dächer der Stadt geschwungen ist; dabei war sie es am Ende gar nicht. Trotzdem habe ich Catherine selbstverständlich kennengelernt – wer keine Maske trägt, ist schließlich nicht verkleidet.
Alles fing damit an, dass ich bei meiner Tante Irmtraud zum Kaffee war. Das heißt, ich trank gelbe Brause, nur die ganzen anderen Besuchsfrauen tranken Kaffee, indem sie den kleinen Finger abspreizten. Als ich versuchte, es ihnen gleich zu tun, sagte die Frau vom Nachbarn Opa Gröning: „Ist sie nicht süß, wie sie die Tasse hält." Und eine andere Kaffeedame drückte mir die Wangen, wie groß ich im Übrigen geworden sei, worauf Frau von Gütershof einwarf: „Ach lass, Tildchen, das mögen die Kleinen doch nun gar nicht" und lachte, dass ihr etwas Kaffee auf die weiße Tischdecke schwupste. Rasch nahm sie ein Tuch Kölnisch Wasser hervor und wollte das Missgeschick beheben. „Ist schon gut, Lisbeth", unterbrach meine Tante, „die Decke geht nachher eh in die Wäsche." In Wirklichkeit würde meine Tante am Abend vor sich hin meckern und darüber klagen, was für dämliches Zeug die olle Klumpersch wieder von sich gegeben habe.
Als die Frauen den ersten Schwung Kaffe ausgetrunken hatten, sahen sie sich interessiert die Aufschriften auf den Böden der Tassen an. „Sieh einmal hier, Traudel", sagte Frau von Gütershof, „diese Tasse stammt aus den königlichen Porzellanwerken zu Kalmstedt – Kalmstedt, anno 1788". „Ja", bestätigte Tante Irmtraud nicht ohne Stolz, „wir haben hier einiges an bedeutendem Porzellan. Wartet, ich gehe eben zur Vitrine, da steht eine Tasse, aus der die Herzogin von Schönbrook einmal getrunken haben soll." „Oh", raunten die Frauen erwartungsvoll. Tante Irmtraud öffnete respektvoll die Tür der Vitrine. Doch so viele Tassenböden sie sich auch ansah, sie konnte die Tasse mit der entschei-

denden Aufschrift *Kalmstedt, manufactured anno 1787* mit den eingravierten Initialen *Hrzgn.v.S.* nicht finden.

„Sie ist nicht da", war Tante Irmtraud entsetzt, „die Tasse ist weg."

Das, was dann passierte, glich eher der Handlung eines Filmes, als dass man geglaubt hätte, es passierte wirklich. Eine maskierte Gestalt, bekleidet mit einem dunkelblauen Gymnastikshirt und dunkler Hose schwang sich vom Balkon aus durch den Fenstervorhang und sagte: „Ich bitte um Entschuldigung", sie wolle nicht weiter stören, „ich gehe auch sofort wieder, und zwar durch die Tür", das Ganze sei nur ein unangenehmes Versehen. „Aber nein", versetzte meine Tante, „Fräulein Power Kati - das sind Sie ja wohl - bleiben Sie nur. Wir können Ihre Hilfe dringend gebrauchen."

Die dunkle Gestalt, sie bestritt nicht, Power Kati zu sein, wurde gebeten, sich mit an den Tisch zu setzen.

„Kirschkuchen oder Sahneschnitte?", fragte Tante Irmtraud. Kati musste lachen, sie schien sich an eine ähnliche Situation zu erinnern: „Kirschkuchen, bitte."

Rasch und mit geübten Griffen hatte meine Tante vom Beistelltischchen her ein Kuchenstück und eine Tasse Kakao herbeigestellt. Während sich Kati ein Stückchen vom Kirschkuchen abknackste, berichtete ihr Tante Irmtraud von der verloren gegangenen Tasse.

„Tasse der Herzogin von Schönbrook", sagte Kati, „das klingt ja fast ein bisschen romantisch".

„Ja, ganz so wie du", erwiderte Frau Gröning, „du bist auch romantisch, trägst immerzu diese merkwürdigen Tarnsachen, beinahe unheimlich ist das."

Kati spülte unterdessen, den Kopf zur Seite gewandt, einen Bissen Kirschkuchen mit einem Schluck Kakao herunter. Ich meinerseits gönnte mir ein paar weitere Erdnussflips mit gelber Brause.

„Ist der Fall mit der abhanden gekommenen Tasse interessant für dich, Kati?", fragte ich sie.

„Ja", bestätigte Kati, „ich finde das Geheimnis um diese Tasse spannend und werde mich gerne darum kümmern."

„Kann ich dir dabei helfen?", fragte ich aufgeregt.

„Das wäre toll", war sie begeistert, „da ist nur ein Problem."

„Du willst nicht erkannt werden", vermutete ich.

„Das stimmt", bestätigte Kati, „aber das wird schon." Jedenfalls sei sie froh, dass sie wieder an einem Fall dran sei. In ihrem Ort werde schon gemunkelt, dass es seit den Osterferien still um Power Kati geworden sei, und das wolle sie nicht einfach so auf sich sitzen lassen.
Kati verabschiedete sich, und nach einer Weile hörten wir Geräusche aus dem Garten. Alle Kaffeedamen und ich eilten – so schnell es eben ging – zum hinteren Fenster: Power Kati lief zum Bach, der an der hinteren Seite des Gartens entlangfloss. An dem kleinen Holzsteg stand ein Junge mit Skateboard in der Hand und hielt für Kati an einem Seil ein Kanu bereit. Kati sprang mit einem Satz auf, der Skaterjunge samt Board hinterher, und kurz darauf waren sie unter der kleinen Brücke des Brookwegs verschwunden.

## 2

Wir befanden uns auf dem Weg zu Jochen. Jochen half Tante Irmtraud im Garten oder wenn sonst mal etwas Schweres zu tragen war. Wie meine Tante gesagt hatte, lachte der immer nur, wenn er einen Terrakotta-Topf von einer Ecke der Terrasse in die andere stellen sollte. Der schien das Gewicht gar nicht zu bemerken.
Aber einmal hatte Tante Irmtraud ihn beiläufig dabei beobachtet, dass er sich den Rücken hielt; das beruhigte sie ein wenig. Den schweren Schnellkochtopf, mit Möhreneintopf gefüllt, den schaffe sie noch selbst, und der sei nun auch gar nicht einmal so leicht.
Als wir in Jochens kleinem Gewächshaus eintrafen, war er gerade dabei, Kirschbäume zu veredeln: „Irgendwann komme ich noch einmal dahinter, wie es geht, das sage ich euch", so etwas in der Art brummelte er vor sich hin. Jochen war gar kein richtiger Gärtner, und deshalb „wurschtelt er sich beruflich eben so durch", wie meine Tante gesagt hatte. Also ausgebildet zum Gärtner war er nicht, aber er hatte Abitur, und da könne einem keiner was, behauptete er gerne. Der Oberstufenleiter habe von so etwas sogar in der Abiturrede gesprochen, und der müsse es schließlich wissen.
Ohne aufzusehen, sagte er jetzt: „Frau Schröder schickt euch?".
Mit Frau Schröder meinte er Tante Irmtraud.

„Ja", entgegneten wir und hätten beinahe einen Knicks vor ihm gemacht, das heißt, ich machte es wirklich, und Catherine hielt sich den Mund.
„Es geht um die Tasse der Herzogin von Schönbrook", sagte Catherine fest und gebannt zugleich.
„Nie etwas davon gehört", gab er zurück und schnitt vertieft einen Kirschzweig zurecht.
„Aber im letzten Jahr", hob er wieder an, „habe ich allerhand Plunder aus Tante Irmtrauds Keller herausgeräumt."
„Herausgeräumt?", fuhr Catherine auf, „das ist ja schrecklich."
„Du bist gut", entgegnete er, „woher sollte ich denn wissen, dass ihr an solch einem heißen Eisen dran seid."
Ich sah Catherine verwundert an; denn ich hätte nicht damit gerechnet, dass Jochen Interesse an dem Fall zeigen würde. Catherines Blick bestätigte mir, dass sie Ähnliches dachte.
„Du interessierst dich für diese Sache?", fragte Catherine ihn.
„Klar", sagte Jochen, „mich interessiert alles, was mit Geschichte zu tun hat."
Catherine und ich sahen uns lächelnd an. *Dieser junge Mann hat eben Abitur, da sieht man es wieder einmal*, hätte Tante Irmtraud jetzt wahrscheinlich gesagt.
„Ich habe letztes Jahr alle Porzellansachen an den alten Trödler Johannsen gegeben", fuhr Jochen fort. Mehr könne er dazu leider nicht sagen.
Als wir uns bedauernd verabschiedeten und uns schon im Weggehen befanden, sagte er: „Wenn ich euch irgendwie helfen kann, meldet euch einfach - egal, zu welcher Tageszeit", und reichte uns tatsächlich eine Karte mit seinen Personendaten. Unseren verwunderten Blicken entgegnete er: „Nur weil ich Abitur habe, muss ich nicht komplett chaotisch sein." Aber das hatten wir doch gar nicht gesagt.

# 3

Im Laden des Trödlers Johannsen standen alte Lampen, Kerzenständer und Tresore in den Regalen; auch schöne Ketten mit glänzenden Steinen waren ausgehängt. Ich zog Catherine aber davon weg und ging mit ihr geradewegs zum Tresen, um den al-

ten Johannsen nach der Tasse zu fragen. „Ja, ich habe da mal so etwas in der Richtung bekommen, was ihr sucht. Porzellan von so einem jungen Zivi", grübelte er.
„Das ist kein Zivi", entgegnete ich, „er hat Abitur gemacht und versucht sich jetzt als freier Baumschüler und Gärtner."
„Jung und aufstrebend", ergänzte Catherine und zog dabei ironisch die Mundwinkel herunter.
„Das mag ja sein, kann schon sein, wie Sie belieben, meine Damen", sagte Johannsen, „kommt nur mal mit nach hinten, da habe ich verschiedene Truhen mit Fayence-Figuren und Porzellangeschirr stehen."
Wir gingen durch eine Tür, die mit langen Kugelkettchen verhängt war. In dem Raum saß seine Frau bei einer Handarbeit und nickte uns freundlich zu.
„Hier, seht mal, mien Deerns", sagte er jetzt, „hier ist etwas". In der Truhe befanden sich zahlreiche Teller, Tassen und Untertassen in indischem Stil, also weiß mit einem fein aufgemalten Muster in blauer Farbe. So in der Art, wie das Sonntagsgeschirr an der Nordseeküste in der guten Stube vorzufinden ist. „Nein, so etwas suchen wir nicht", sagte Catherine, indem sie sich mit einem Finger am Kinn entlangstrich.
„Was ist in der Kiste dort drüben?", wollte ich wissen.
„Ach, nur oller Plunder", wiegelte Johannsen ab.
„Nein, da drüben werdet ihr nichts", mischte sich jetzt seine Frau ins Gespräch, „hier haben wir noch eine kleine Vitrine, in der einige Geschirrteile stehen. Was sucht ihr denn?"
„Wir suchen die Tasse der Herzogin von Schönbrook", sagte Catherine frei heraus.
Ich hielt mir die Stirn, fügte aber dann doch hinzu: „Eine Tasse, aus der die besagte Herzogin einmal getrunken haben soll."
„Das klingt ja richtig romantisch", sagte Frau Johannsen, „schön, dass junge Leute einmal Sinn für so etwas haben. Das trifft man heutzutage nicht so oft an." Ein leichtes Schmunzeln konnte sie aber dennoch nicht verbergen. Ich ärgerte mich und stieß Catherine in die Seite, aber die kümmerte sich gar nicht darum, sondern sagte: „Zeigen Sie uns doch bitte die Vitrine mit den Sachen."

„Gern", bejahte Frau Johannsen und geleitete uns in die Ecke mit dem Glasschränkchen. Sie schob die Glastür auf, nahm einen Stapel Tassen heraus und stellte sie auf ein Fensterbrett.
Catherine nahm mehrere Tassen und las die Aufschriften auf den Tassenböden: „Hier ist schon mal nichts – hier ist schon mal auch nichts."
Frau Johannsen reichte auch mir eine Tasse, und ich drehte die Tasse herum. Ich muss sagen, ich war ganz schön überrascht, als ich die Aufschrift las: *„Kalmstedt, manufactured anno 1787."*
„Zeig her, das kann doch nicht angeh´n", war Catherine überrascht und nahm mir die Tasse eilig und ehrfürchtig zugleich aus der Hand, „tatsächlich, es ist eine Tasse aus der Kalmstedter Porzellanfabrik."
Und ich hatte den Eindruck, dass Catherine mich so ansah, als ob sie dachte, dass ich ein Girl mit typischem Anfängerglück sei.
Aber das konnte ich nicht mit aller Bestimmtheit sagen. Vielleicht dachte ich in meiner Überraschtheit nur, dass Catherine das dachte.
„Alle Daten stimmen, nur das Monogramm der Herzogin von Schönbrook fehlt", stellte Catherine fest.
Also durchsuchten wir gemeinsam mit Frau Johannsen rasch alle anderen Tassen, besonders diejenigen, auf die eine zarte Rose aufgemalt war und deren Ränder einen feinen Goldrand besaßen. Aber wir hatten kein weiteres Glück.
Wir wollten die Tasse trotzdem erwerben, denn wie Catherine sich erinnerte, standen in Frau Schröders Dielenvitrine mehrere Tassen mit goldenem Rand und aufgemalter Rose, und Frau Schröder wollte die Tasse bestimmt haben, zumal es höchstwahrscheinlich noch bis vor einem Jahr ihre gewesen war. Aber bevor wir zur Kasse gingen, sahen wir uns noch etwas bei den Schmucksachen um. Wie ich schon beim Betreten des Geschäftes richtig vermutet hatte, kam Catherine daran nicht vorbei. Eine silberfarbene Kette mit eingearbeiteten kleinen blauen Steinchen und einem größeren blauen Stein als Anhänger hatte es ihr besonders angetan. Catherine nahm die Kette vom Haken und ließ sie durch die Finger gleiten. Als Herr Johannsen dazukam, fragte sie ihn: „Was sind das für Steine?"
„Achat", entgegnete er, „blauer Achat".

„Die sind schön, aber bestimmt teuer, stimmt´s?", fügte Catherine hinzu.
„Gar nicht einmal", beschwichtigte Herr Johannsen, „die Kette kostet... acht Euro und fünfzig."
„Ich hätte gedacht, die kostet hundert Euro", war Catherine überrascht.
„Meine Frau bastelt die Ketten gemeinsam mit unserer Tochter aus Rohmaterial zusammen", erklärte Johannsen, und mit den Augen zwinkernd fuhr er fort, „außerdem stammt sie nicht aus dem Besitz einer berühmten Gräfin."
Catherine sah in ihre Hosentasche, zählte ihre Münzen und kam auf sechs Euro achtzig.
„Wenn du magst, kannst du sie etwas günstiger haben", sagte Herr Johannsen.
„Das ist nett", freute sich Catherine, „ich nehme sie gerne."
Ich schob sie in Richtung Kasse, damit sie nicht auf die Idee kam, noch mehr zu shoppen, obwohl sie jetzt ja eigentlich gar kein Geld mehr mithatte. Ich hätte mir selbst gerne andere farbige Mineralsteine angesehen. Aber wir waren schließlich auf der Suche nach einer bedeutsamen Tasse, und außerdem war mein Taschengeld, das ich für meinen Besuch bei Tante Irmtraud bekommen hatte, begrenzt.
Da Catherine nach der Bezahlung ihrer Nobelkette kein Geld mehr hatte, war ich jetzt wohl mit der Bezahlung der edlen Tasse dran. Frau Johannsen deutete meinen fragenden Blick richtig, der nämlich bedeutete, was das Teil kosten solle, aber sie sagte weder mit Pokerface, dass die Tasse unverkäuflich sei, noch sagte sie gönnerisch, dass wir sie einfach so haben könnten. Sie wies einfach auf das Preisschild, das Herr Johannsen vor ein paar Monaten auf die Tasse geklebt haben mag, und auf dem Preisschild stand: zwei Euro und fünfzig.

Als wir die Ladentür hinter uns ins Schloss fallen ließen und dabei waren, unsere Fahrradschlösser zu öffnen, sagte ich zu Catherine: „Pass bloß auf die Tasse auf, dass sie nicht herunterfällt." Im selben Moment sausten an uns einige Skaterjungs vorbei und stießen uns an. Ich rief ihnen hinterher: „He, ihr Dämlacks, haut ab, ihr landet eh´ gleich im Graben." Einer der Jungen antwortete mit einer abfälligen Handbewegung, und kurz darauf waren sie hinter der Ziegelwand verschwunden.

Die Tasse war heil, aber Catherine stellte fest: „Oh nein, meine Kette ist weg."

Ich sagte: „Die Kette mit dem blauen Achat", und dann ergänzte ich, „also los, machen wir uns auf die Suche nach der Kette, die die Gräfin Catherine zu Hohenstein einmal getragen haben soll."

„Ach, du spinnst ja", gab Catherine zurück, bevor wir beide losprusteten.

Unmittelbar nach dem Klau war ich kurz zur Ecke der Ziegelmauer gesprungen und hatte gesehen, dass die Skaterjungs in Richtung des Teiches am Tannenbrooker Wald entwischt waren. Also machten wir uns auf die Suche nach ihnen.

# 4

Der Tannenbrooker Teich hat durchaus die Größe eines kleinen Sees, und in der Mitte liegt eine kleine Insel, die allerdings über einen kleinen Damm erreichbar ist, der von Fußgängern und Radfahrern genutzt werden kann. Wie ich gehört habe, lehnen die Ortsbewohner die Bezeichnung „Halb"-Insel allerdings strikt ab. Schließlich gab es die Insel zuerst, und erst später hat man den Damm gebaut, damit Angler und Sonntagsausflügler die Insel leichter erreichen können. Es ist eine kleine Insel mit einigen Sitzbänken, auf die sich gerne ältere Damen und Herren setzen, um verbotenerweise die anhänglichen Enten zu füttern.

An diesem Spätnachmittag waren es allerdings nicht Senioren, die auf den Bänken Platz genommen hatten, sondern einige Jungs, die mit ihren tiefgelegten Cruising-Bikes die Insel förmlich belagert hatten.

„Da sind sie alle", sagte Catherine, die sich mit mir hinter einem Stromkasten versteckt hatte und zur Insel hinüberwies, „die ganzen Skater-Jungs. Jörn und Dieter und ein paar andere, von denen ich die Namen nicht kenne".

„Genau genommen, sind es jetzt keine Skater-Jungs mehr, sondern Cruising-Boys", versetzte ich.

„Stimmt", sagte Catherine lachend, aber dann hielt sie plötzlich inne. „Das ist ja..., das ist ja Jan!", war sie überrascht.

„Jan?", überlegte ich, „ach so, der coole Boy, der im Freibad in seiner Shorts immer so elegant mit dem Ball jongliert."
Aber sie wehrte nur ab: „Ach lass mich jetzt."
Catherine schien enttäuscht, dass sich Jan mit diesen Mackern abgab, wie sie sich manchmal auszudrücken pflegte. „Ich will sehen, was da los ist", sagte sie prompt, und schon schwang sie sich aufs Rad: „Komm, Linda."
Wir fuhren also zum Dammweg, aber kurz bevor wir draufbogen, machte Catherine ein Halt-Zeichen, und wir versteckten uns hinter einem Busch. „Sieh` mal da, Linda, am Lenker des orangefarbenen Bonanzarads hängt meine Kette."
„Der blaue Achat!", war ich von Neuem erstaunt, „man kann ihn bereits von hier aus sehen."
Catherine sagte: „Moment, ich hole jemanden zur Hilfe, warte bitte hier." Und ehe ich mich versah, war Catherine abgezurrt.
Ich hockte eine Weile hinter dem Busch, schloss dann aber mein Fahrrad an den Pfeiler einer Straßenlaterne und ging einige Schritte auf die Holzbohlen des Teichdammes. Die Jungs sahen mich und winkten mich hinüber, es schien freundlich gemeint. Also ging ich über den Damm zu ihnen hinüber.
„Setz` dich zu uns", sagte ein Junge mit Sommersprossen, der Dieter hieß, wie ich später erfuhr, „wie heißt du?"
„Linda", antwortete ich.
„Hallo Linda, möchtest du vielleicht ein Stockbrot, wir sind gerade am brutzeln", erwiderte Dieter.
„Gern", sagte ich, setzte mich auf einen Baumstumpf und nahm den Ast mit einem fertig gebackenen Stockbrot, den mir Dieter reichte.
Ich knabberte gerade daran, als ich am kleinen Bootssteg ein Kanu anlegen sah. Drinnen saß eine dunkle Gestalt, die rasch eine Leine über eine Stange warf und die Grasfläche auf der Insel betrat.
„Power Kati!", stießen alle Cruiser-Boys zugleich aus. Jetzt sah ich, dass die Gestalt einen Taucheranzug trug, auf dessen Oberteil ein Zeichen mit den Initialen „PK" angebracht war. Darüber befand sich ein Pik-Zeichen, ganz wie bei einem Kartenspiel.
Power Kati zauderte nicht lange, warf Jan eine Ladung Schlingpflanzen ins Gesicht, ratschte die Kette mit dem blauen Achat von der Lenkerstange und sprang mit einem überlegten Kopfsprung

ins Wasser. Mit einigen kräftigen Kraulzügen war sie unseren Blicken entschwunden.

Erstaunt und lächelnd zugleich sagte Jörn: „Diese Power Kati ist wirklich unglaublich."

Jan strich sich unterdessen die Schlingpflanzen aus dem Gesicht und stellte sein Fahrrad wieder hin, das im Verlauf der vorangegangenen Aktion hingefallen war.

Einer der Jungs schaltete einen Rekorder mit gemütlicher Musik an, und für mich fiel sogar noch ein zweites Stück Stockbrot ab, und dazu gab es eine Dose gelbe Brause.

Als ich so an meinem Stockbrot knabberte und mich mit Dieter unterhielt, setzte sich kaum bemerkt Catherine neben mich. Mir entging es nicht, dass sie leicht nasse Haare hatte, die sie unter einem Kopftuch zu verbergen suchte.

Auch Catherine wurde freundlich in der Runde aufgenommen, nur Jan hielt sich anfangs etwas zurück, der noch mit den Pflanzenresten in den Haaren zu tun hatte.

Der Rekorder wurde ausgeschaltet und eine Gitarre herausgeholt. Dieter spielte einen southern slow Blues, der eine ganz romantische Stimmung aufkommen ließ, und dann sagte Catherine: „Bitte, spiel` noch mal ´Man outta Talk´."

„Ja, spiel` bitte ´Man outta Talk´ von *Slick Braid & the Foremoves*", verstärkte Jörn.

„Na gut, wenn ihr meint", ließ Dieter sich überreden und spielte schließlich los.

Als sich die Sonne zu senken begann, hatte sich auch Jan wieder beruhigt und saß sogar noch mit Catherine am Ende des Bootsstegs, wo beide die Füße ins Wasser baumeln ließen.

Als Catherine und ich nach Hause radelten, sagte ich zu ihr: „Nach der Power Kati - Aktion hattest du noch nasse Haare." Aber Catherine wiegelte ab: „Einer der Büsche, hinter denen wir uns versteckt hatten, war vom Regen noch nass." Unsere Dynamos surrten nebeneinander her, und Catherine fügte hinzu: „Also mit Power Kati bist du auf einem ganz falschen Dampfer. Ich kenne sie eben ganz gut, möchte sie aber nicht verraten."

Ich dachte daran, was mein Opa manchmal sagt, *jeder braucht seine kleinen Geheimnisse*, aber das sagte ich zu Catherine an ei-

nem anderen Tag. Jetzt sagte ich: „Die Jungs waren ja wirklich nett. Also ärgern wollten die uns mit dem ´Diebstahl´ nicht."
Catherine stimmte mir zu und sagte: „Das war eher eine Art unkonventionelle Einladung", dann ergänzte sie: „Da hätte sich Power Kati ihre Aktion fast sparen können." Wir sahen uns an und lachten.

# 5

„Ich habe eine Spur", stand in Jochens SMS. Anstatt dass wir uns mitten in der Nacht bei ihm per Telefon oder sonstwie meldeten, setzte er sich seinerseits mit uns in Verbindung. „Heute um fünfzehn Uhr am Stadtbrunnen", war außerdem dem Display von Katis Mobiltelefon zu entnehmen.
Als wir zur besagten Zeit am Stadtbrunnen mit unseren Kickboards – City-Rollers pflegt Catherine sie zu nennen – eintrafen, erwartete Jochen uns bereits, einen Lolly im Mundwinkel kreisend. Er sei in der Stadtbibliothek gewesen und habe auf Empfehlung einer Mitarbeiterin namens Katja Einblick in wichtige Literatur zur Gräfin von Schönbrook bekommen.
Ob es ihm vordringlich wirklich um den Einblick in besagte Literatur gegangen sei, fragte ich. Aber das wiegelte er mit einer einzigen, wenn auch unsicheren Handbewegung ab.
„Jedenfalls", hob Jochen an, „hat mir Katja dieses Buch mit Ledereinband zur Verfügung gestellt, in dem einiges zur schönbrookschen Herzogin vermerkt ist." Zwar noch nicht alles, was wir an Wissen bräuchten, aber immerhin einiges.
Das war nun wirklich interessant, und Jochen schlug eine Doppelseite auf, die verschiedene gemalte Porträts der Herzogin zeigte.
„Ganz so, wie ich sie mir vorgestellt habe", sagte Catherine. „Ich nicht", warf ich ein, „ich hätte mir die Herzogin dunkelhaarig mit eingeflochtener Rose vorgestellt."
„Blond oder dunkelhaarig, das tut in unserem Fall nichts zur Sache", beendete Jochen unseren Disput, und dann las er einen Absatz vor: „´Die Herzogin von Schönbrook war zur Zeit des achtzehnten Jahrhunderts an der Aufteilung der Landgüter im schönbrookschen Verwaltungsbezirk zuständig und galt als allseits

beliebt, weil sie zu Festlichkeiten des Frühjahrs gerne kleine Geschenke an die hiesigen Landwirte und Tagelöhner verteilte.´"
„Sie scheint eine edle Herzogin gewesen zu sein", sagte ich, und Catherine ergänzte: „ganz so, wie es das Wort *edel* im eigentlichen Sinne auch meint."
Jochen stimmte uns zu, zog dann aber die Stirn kraus und ergänzte: „Das passt zwar nicht so recht zum Verhalten der adligen Schurken, die ich im Geschichtsunterricht kennengelernt habe, aber es scheint ja auch immer erfreuliche Ausnahmen zu geben."
„Eben", verstärkte Catherine, nicht ohne Jochen einen leicht grimmigen Blick zuzuwerfen.
Dieser entgegnete: „Wir sollten uns nicht mit unnötigen Unstimmigkeiten aufhalten. Ich würde euch gerne eine weitere Textstelle präsentieren, die weniger auf historische Recherche zielt als vielmehr auf direkte Tatsachen, die für euch von Belang sind."
Nach dringender Aufforderung meinerseits, nicht so lange um den heißen Brei herumzureden, sagte er schließlich: „An späterer Stelle heißt es in dem Buch...", und ich fügte hinzu: „ ..., das dir besagte Katja aus der Stadtbücherei anvertraut hat".
Leicht errötend räusperte er sich, nahm dann aber wieder das Wort auf: „Jetzt verzögerst du aber das Gespräch, Linda. – Jedenfalls steht einige Absätze weiter: ´Im Jahr 1887 verteilte die gnädige Herzogin zu den Frühjahrsfeierlichkeiten echtes Porzellan aus der naheliegenden Kalmstedter Porzellanmanufaktur. Zu den glücklichen Empfängern gehörten verschiedene Landwirte von Gehöften, die in der Umgebung des Pferdegestüts Langhoff liegen.´"
Was Gehöfte seien, wollten Catherine und ich wissen.
„Bauernhöfe", erklärte er, der Begriff *Gehöft* sei eine regional geprägte Bezeichnung für Bauernhof, nichts weiter. Gelassen schob er den Lolly von dem einen in den anderen Mundwinkel, da er im Gespräch mit uns wieder das Oberwasser gewonnen hatte.
Das kümmerte uns aber nicht weiter.
„Pferdegestüt Langhoff", sagte Catherine halb vor sich hin, halb zu uns.
„Linda, sagt dir das denn gar nichts", redete sie auf mich ein.
„Nein, ich komme nicht von hier", antwortete ich.
„Ach so, stimmt ja", sah Catherine ein, „dann sage ich es euch eben. Ein Gestüt mit dem Namen Langhoff gibt es heute noch,

und man kann da reiten. Britta Jähning ist dort Reitlehrerin; Birthe und Carina nehmen bei ihr Unterricht und betreuen dort zwei Pferde." Jochen warf ein: „Als ich das Wort Pferdegestüt gelesen habe, habe ich gleich geahnt, dass die Pferde-Girls hier am Ort damit etwas anfangen können."
„Wir sind keine Pferde-Girls", gab ich zurück.
„Aber ich denke, ihr wisst, was ihr als Nächstes zu tun habt", sagte Jochen unbeirrt.
Catherine rieb sich unterdessen das Kinn und antwortete: „Ja, das Durchführen von Ermittlungen rundum das Landgut Langhoff."
Jochen warf den ausgelutschten Lolly in den Papierkorb, setzte sich den Helm auf und fuhr mit seinem Moped-Roller davon.
Auch so ein City-Cruiser, nur mit Motorantrieb, war dabei zu denken.

# 6

Als Catherine sich in der großen Pause mit Birthe und Carina am Getränkestand unterhielt, lenkte Catherine das Gespräch kaum merklich auf das Thema Reiten: Ob man nicht mal wieder gemeinsam zum Reiten gehen wollte. „Betreut ihr nicht zwei Pferde?", fragte Catherine, obwohl sie es selbstverständlich wusste. Aber ihr gelang es auf diese Weise, dass sie gleich für den heutigen Nachmittag eingeladen wurde, zur Reitkoppel mitzukommen; und mich konnte sie gerne mitbringen. Im Übrigen passe es gut, weil Mareike und ihre große Schwester Iris erst später kämen. So konnten Catherine und ich die Pferde von Mareike und ihrer Schwester für eine Weile „beschäftigen", wie Birthe es nannte.
Ich freute mich darauf und war sehr gespannt, weil ich bis dahin nur zweimal in Freizeitparks geritten war. Catherine ritt auch gerne, wie sie mir sagte, aber an diesem Tag waren ihre Gedanken ganz auf die Bauernhöfe gerichtet, die in der Nähe des Reiterhofes lagen; denn hier wähnte sie - und ich auch - die Tasse der Herzogin von Schönbrook.

Catherine lieh mir sogar eine original Reithose. So eingekleidet schwangen wir uns auf die Fahrräder und begaben uns auf den Weg zur Reitkoppel.

Birthe und Carina waren bereits da und kümmerten sich um die Pferde. Alle Pferde waren schon reitfertig, und ich durfte mich zu dem Pferd gesellen, auf dem Mareike sonst ritt. Es hieß Jockel.
Britta erklärte mir das Wichtigste, auf das zu achten war, und dann durften wir zu viert auch schon zu den Weiden am Bach hinunterreiten. Die Wiese war nicht zu groß, aber doch so, dass man in verschiedene Richtungen einiges an Tempo aufnehmen konnte.
Wenn Birthe galoppierte, wehten ihre langen blonden Haare im Wind.
Ich hielt mich etwas hinter den dreien, da ich mich in der Höhe auf dem Pferd doch noch recht wackelig fühlte. Britta ging anfangs neben mir her und gab mir einige Ratschläge, wie es besser ginge. Und so war ich im Nu bei den anderen am Elektrozaun angekommen.
Carina machte den Vorschlag, zu viert hintereinander den Trampelpfad entlangzureiten, der an der Innenseite des Zaunes die gesamte Koppel umgab. Als wir nach der ersten Runde in den Trab übergingen, hatte ich mich schon wieder recht gut ans Reiten gewöhnt, und ich spürte kaum noch einen Ruck im Rücken. Nach einer weiteren Runde machten wir Halt am Bach bei den Weiden, wo die Pferde etwas Wasser tranken. „Ist ja gut, mein kleiner Brauner", sagte ich zu Jockel, in der Hoffnung, dass er mir zuhörte. Und tatsächlich wandte er mir für einen Moment den Kopf zu. Birthe und Carina gaben ihren Pferden Mohrrüben zu fressen und reichten mir auch eine für Jockel.
Als Birthe Catherine eine Möhre reichte, nahm Catherine diese, fragte dann aber mit einem umherschweifenden Blick: „Sag` mal Birthe, weißt du, wem die drei Bauernhöfe gehören, die man von hier aus sehen kann?"
„Klar", sagte Birthe prompt, „links Dietrichsen, rechts Kolle, und da hinten in dem Haus mit dem Reetdach wohnen Jensens."
Catherine war überrascht über die rasche Antwort. Mit solch zügigem Fortgang in den Nachforschungen war nicht zu rechnen gewesen. „Und gibt es noch weitere Bauernhöfe hier in unmittelbarer Nähe?", forschte Catherine weiter. „Nein, eigentlich nicht", sagte Birthe, „da müsste man schon ganz nach Birkendorf oder Raduck weiterfahren. – Aber was du heute so fragst, Catherine?

Man könnte meinen, du bist mit deinen Gedanken nicht gerade beim Reiten."

„Doch, doch", antwortete Catherine abwesend, „es ist alles in bester Ordnung."

„Dann ist ja gut", gab sich Birthe zufrieden und reichte ihrem Pferd, das *Sausender Sturm* hieß, ein Salatblatt zur Nachspeise.

Es war ja noch Sommer, und so setzten wir uns an den Rand des Baches und ließen unsere Füße im sprudelnden Wasser baumeln.

Britta gesellte sich zu uns, und Catherine begab sich zu ihr. Ich hörte nur vereinzelte Fetzen ihres Gesprächs:

„Landwirt Kolle?", hörte ich Britta sagen, „der hat hinter der Scheune eine Speedway-Strecke. Nein, ich wüsste nicht, dass der etwas für Porzellan übrig hätte."

Als sie etwas zu Bauer Jensen sagte, wieherte Jockel derart laut, dass beim besten Willen nichts von Brittas Worten zu verstehen war.

Dann war aber wieder etwas zu hören von Dietrichsen, Sammlerei und altem Geschirr. Den Worten und Catherines Blicken nach schienen hier mögliche wichtige Informationen übermittelt zu werden.

Jetzt telefonierte Catherine: „Ja, ..., bin ich da beim alten, äh, bei Herrn Johannsen? Ja, Entschuldigung. Nein, nein, alles klar. Ich wollte nur fragen, ob ein gewisser Henning Dietrichsen in den letzten Monaten bei Ihnen im Laden war. - Kann sein? - Wäre möglich? Das ist ja ausgezeichnet. Nein, nein, das reicht mir fürs Erste. Ja, wiederhören."

Catherine kam zu mir, nahm mich beiseite und sagte: „Wir haben eine ganz heiße Spur. Der alte Dietrichsen ist es, linkes Gehöft, da müssen wir weiterfahnden."

Catherines Augen blitzten. So musste es auch sein, wenn Power Kati, die Catherine ja wohl leider doch nicht ist, auf Touren geht.

Als wir zur Scheune zurückgeritten waren, kam ein Auto vorgefahren. Die Tür wurde geöffnet, und ein Mädchen mit langen, dunklen lockigen Haaren stieg aus. Es war Mareike, wie ich gleich hörte, eine gute Freundin von Catherine, ihre beste Freundin, wie sie mir vor einigen Tagen gesagt hatte. Aber hierzu möchte ich mich nicht schlussendlich äußern, so etwas kann von mir aus auch gerne einmal in der Schwebe bleiben.

Zusammen mit Mareike stieg eine junge Dame Mitte zwanzig aus; sie heißt Iris und ist Mareikes große Schwester. Mareike und Iris begrüßten Britta, die Reitlehrerin, herzlich und gesellten sich dann zu uns.

Die Fahrerin des Autos blieb drinnen sitzen, kurbelte das Fenster ein Stück herunter und sagte: „Ich muss gleich weiter, ich habe noch Dienst in der Stadtbücherei."
Iris stand am Zaun, hatte den Daumen in der Tasche ihrer Bluejeans und winkte ihrer Studienfreundin aus der Hüfte zu: „Tschüß, Katja."
Die junge Frau im Auto strich sich ihre langen, blonden, leicht welligen Haare zurück, kurbelte die Scheibe ganz herunter und fuhr nach einem leichten Winken, das demjenigen von Iris sehr ähnelte, mit staubenden Reifen davon.
Als wir auf die junge Frau im wegfahrenden Auto gesehen hatten, waren Catherine und ich wohl auf denselben Gedanken gekommen. War nicht Jochens Schwarm in der Stadtbücherei tätig? Auch die Haare und der Name passten. „Zufälle gibt es", sagte Catherine, und ich bestätigte, „ja, Zufälle gibt es. Das muss die Dame aus der Stadtbücherei gewesen sein, von der Jochen die Bücherempfehlungen bekommen hat und von der er mehrmals erzählt hat."
Catherine lächelte über diese Entdeckung und sagte zu mir: „Jochens geheime Flamme."
Ich wollte gerade auch lachen, aber da fand ich, dass das ja eigentlich ziemlich schön war. Jochen, dieser Romantiker und Lone Ranger, der in seinem selbstgebauten Gewächshaus Kirschbäume anpflanzt?

Mareike und Iris übernahmen die Pferde, mit denen Catherine und ich unterwegs gewesen waren. Wir sahen ihnen zu und setzten uns in der Zeit auf Heuballen, die an der Scheunenwand aufgestapelt waren.
Mit einem Strohhalm im Mund, wie Terence Hill, lehnte sich Catherine sitzend an die Holzwand des Schuppens und erzählte mir ein wenig von Mareike und ihrer großen Schwester Iris: dass Sie mit Mareike schon einige ereignisreiche Ferien verlebt habe und dass sie Iris immer wieder dazu zwingen würden, ihnen aus der

Patsche zu verhelfen, wenn sie sich in einer Angelegenheit festgefahren hätten.

„Angelegenheit", „ereignisreiche Ferien" – das klang für mich nach Spannung, Abenteuer, einer mir unbekannten Welt, wie sie nur Power Kati erleben konnte. Aber wenn ich an solchen Stellen versuchte, weiterzustochern, lenkte Catherine das Gespräch immer wie unauffällig auf ein anderes Thema. Ich merkte das natürlich. Andererseits – wie sollte Catherine das Thema absichtlich von Power Kati weglenken, wenn sie es gar nicht war? Das konnte ja nun auch wieder nicht gehen. Und den letzten Ereignissen des Sommers nach ist sie es ja auch nicht.

Jedenfalls an diesem Nachmittag, als wir auf den Heuballen saßen, wich Catherine dem Power-Kati-Thema damit aus, dass sie erzählte, dass Iris ihnen manchmal Bilder malen musste, wenn sie im Kunstunterricht wieder einmal nur Walkman gehört oder Papierschiffe gebaut hatten, anstatt die Malaufträge von Frau Kielich zu erledigen. Die Zeit wurde dann knapp. Und damit sie ihre Bilder noch rechtzeitig abgeben konnten, musste Iris schon von Zeit zu Zeit abends noch einmal ran und ihnen Bilder malen – im Schnellverfahren, und zwar für drei Girls auf einmal: Catherine, Mareike und Birthe.

Außerdem erfuhr ich, dass Katja Iris` beste Freundin ist, mit der sie gemeinsam Mineralogie studiert, und dass beide kurz vor ihrem Abschluss stehen.

# 7

Mareike hatte beim Reiterhof ein Fahrrad abgestellt, so dass sie gemeinsam mit Catherine und mir zurück in den Ort fuhr. Wir rollten auf dem Parkweg den See entlang, als wir ungewohnter Weise Umleitungsschilder sahen. Dass es so etwas gab? Umleitungsschilder auf einem Weg für Fußgänger und Radfahrer? Aber egal, wir als ordentliche Bürgermädchen hielten uns natürlich daran und fuhren den Schildern hinterher. Ohne uns zu versehen, waren wir auf einmal auf dem Bohlensteg, der zur Seeinsel führte. Als wir auf der Insel ankamen, sahen wir, dass die Insel mit Lampions ausgeschmückt war, einige junge Leute standen um kleine Tische herum und versorgten sich mit Kartoffelchips.

„Eine Party", sagte Mareike überrascht, als wir unsere Fahrräder am Holzzaun abstellten.
„Genau", hörten wir Jörn hinter einer Bambuspflanze hervorkommen, „wir veranstalten eine Feier, und ihr seid dazu eingeladen."
„Auch herzlich?", fragte ich.
„Auch herzlich", bestätigte Jörn und versuchte dabei so freundlich wie möglich zu gucken.
„Dankeschön", willigte ich ein.
Die Sache mit den Kartoffelchips fand ich ganz in Ordnung, wovon ich mich auch gleich bediente, und sogar gelbe Brause gab es dazu, von der ich Catherine und Mareike etwas eingoss.
Jetzt waren einige Töne einer Elektrogitarre aus einem kleinen Verstärker zu hören.
Gab es hier ein Konzert?
„Ja", bestätigte Jörn erneut, „jetzt gibt es ein Konzert..."
„Von Slick Braid & the Foremoves?", fragte Mareike.
„Nein, leider nicht", entgegnete Jörn im Stile eines Entertainers am Mikrofon, „wie hätten wir den auch so schnell engagieren können. Aber wir haben einen anderen hier, einen Besseren, wenn ihr so wollt".
Die umstehenden jungen Leute johlten.
„Jetzt spielt Dieter seine Songs", kündigte Jörn an, „´Dieter without his Sliding Rules´ - Shout out a loud applause."
Ein lauter Applaus erschall und darauf die ersten Töne aus Dieters Elektrogitarre.
Er stellte sich auf einen Baumstumpf, schlug einige Rock-Solotöne an und spielte dann den Song, den alle hören wollten: „Man outta Talk". Beim Refrain sang er mit heller Kreischstimme, und die Zuschauer antworteten tief eben auch „Man outta Talk". Wir Mädchen verstellten unsere Stimme dabei auf die Tiefe einer Jungenstimme und mussten jedesmal so lachen, dass wir uns vorne überbeugten. Dieter sah man an, dass ihm das gefiel, und einmal blickte er direkt zu mir hin, glaube ich jedenfalls, aber dann richtete er seinen Blick auch schon wieder auf das Griffbrett seiner Gitarre.
Bei seinem nächsten Song, einem southern Blues, seinem favorite Song, wie er sagte, wurde es gemütlicher und einige setzten sich auf die umliegenden Baumstämme. Catherine saß wie letztes Mal

neben Jan auf dem Bootssteg, und für einen Moment sah es so aus, als ob sie ihren Kopf an seine Schulter anlehnte, aber das konnte ich nicht mit aller Bestimmtheit sagen, weil mir der Blick auf die beiden von ein paar Schilfhalmen halb verdeckt blieb.
Mareike stand vor der Bühne und wippte mit einem Glas gelber Brause zum Rhythmus der Musik. Sie hatte einen Gürtel mit kleinen Nieten um, was ziemlich cool aussah, und ihre langen braunen Haare kräuselten sich auf ihrer Jeansweste.
Ich selbst unterhielt mich mit Jörn. Über was ich mit ihm gesprochen habe, weiß ich schon gar nicht mehr, aber das ist mir auch egal. Das Licht der Lampions schimmerte auf dem Wasser, und Dieter schlug tief in die Saiten seiner Gitarre.

Als ich am Abend die Tür des Hauses meiner Tante öffnete, sang ich noch immer Dieters Refrain: erst hoch mit kreischiger Fistelstimme und dann wieder gedämpft tief wie im Fußballstadion: „Man outta Talk".
Was ich denn da vor mich hin singe, fragte meine Mutter, die mit zu Besuch bei Tante Irmtraud war. „Ach nichts", antwortete ich.
Als ich abends an der Badezimmertür vorbeiging, glaubte ich zu hören, dass meine Mutter beim Zähneputzen sang: „Man outta Talk", zuerst hoch und kreischig, dann tief wie ein Männerchor.

Nach Dieters Auftritt hatte ich ihn gefragt, was dieses dämliche „Man outta Talk" eigentlich heiße. Das wisse er auch nicht; bei Texten der Rockmusik komme es darauf an, dass man möglichst wenig versteht, damit der Text nicht von der Musik ablenkt. Aber der Song „Man outta Talk" sei ja auch gar nicht von ihm selbst, was ich wusste; der war natürlich von Brian Steiger, der manchmal auch unter dem Synonym „Slick Braid & the Foremoves" arbeitete.
Dieter schreibe aber auch eigene Songs, zum Beispiel „Chase my Stride" oder das ruhige Stück „Swingin` on a Backbeat of the Blues", das ist auch von ihm.
Diese Gedanken philosophierend, schlief ich ein.

# 8

„Ich habe wichtige Informationen im Falle der Herzogin von Schönbrook für euch, bitte meldet euch dringend bei mir", stand in der SMS von Jochen, die Catherine und ich am nächsten Morgen auf dem Mobiltelefon vorfanden.
„Sollen wir gleich hinfahren?", fragte ich.
„Ach was", wiegelte Catherine ab, „der soll mal ruhig etwas schmoren. Wenn der wüsste, was wir bereits über den Fall erfahren haben, würde er vor Neid erblassen. Außerdem hat Heinz vor einigen Minuten angerufen und mir gesagt, dass er mit mir auf der alten Brücke einen Technik-Austausch vornehmen möchte."
„Technik-Austausch?", fragte ich ratlos, was damit gemeint sein konnte, aber ich war Catherines merkwürdigen Wortgebrauch inzwischen schon fast gewohnt. Ich fuhr fort: „Dieser Heinz scheint ja beinahe etwas geheimnisvoll zu sein."
„Das stimmt", bestätigte Catherine und ergänzte, „und romantisch ist er noch dazu."
„Wann willst du dich mit deinem Heinz treffen?", fragte ich.
„*Deinem Heinz*, du spinnst ja", war Catherine entrüstet, „er ist nicht *mein Heinz*, er ist allenfalls mein Technikbeauftragter."
An der Miene, die Catherine danach zeigte, sah man aber, dass sie Heinz mit dieser Äußerung Unrecht getan hatte; dennoch ergänzte sie hierzu weiter nichts.
Stattdessen sagte sie: „Lass uns gleich losfahren, er wartet sicher schon bei der Brücke."

So war es. Heinz stand mit seinem Beach-Cruiser-Rad auf der Brücke und wartete – ein rauschendes Transistorradio in der Hand – auf uns. Er bemerkte uns erst, als wir direkt vor ihm hielten. Eilig schaltete er das Radio aus und begrüßte Catherine mit einem vertrauten Blick, wie ich es noch bei niemandem aus dem Ort Catherine gegenüber gesehen hatte. Außer einem kurzen „Hallo" fand aber keine weitere Begrüßung statt.
„Ich habe Linda mitgebracht, sie ist für einige Zeit zu Besuch", stellte Catherine mich vor und ging dann gleich zur aktuellen Technikangelegenheit über: „Heinz, was hast du diesmal für mich Nettes mitgebracht?"

„In der Tat habe ich diesmal nichts selbst zusammengebaut, sondern etwas Fertiges mitgebracht", sagte Heinz, „sieh hier, es ist eine spezielle Seniorenlupe aus dem Nähkasten meiner Oma."
„Aus dem Nähkasten deiner Oma", sagte Catherine belustigt, „und wahrscheinlich weiß sie wieder einmal nichts davon."
„Selbstverständlich nicht", bestätigte Heinz, „sonst hätte ich sie ja überhaupt nicht mitbringen können."
„Und wofür soll ich die Lupe verwenden?", wollte Catherine wissen.
Heinz erklärte weiter: „Frau ..., also Lindas Tante, hat heute Morgen bei mir angerufen und mir gesagt, dass sie gerne alle Tassen der Kalmstedter Porzellanmanufaktur aus den Jahren 1787 und 1788 zurück- oder neu erwerben möchte. Also nicht nur die Tassen, die Jochen blöderweise weggegeben hat, sondern auch andere Auffindbare aus diesen beiden Produktionsjahren."
„Ja, bei der Suche der Tassen können wir solch eine Lupe wirklich gut gebrauchen", sagte Catherine, „die Aufschriften auf den Tassenböden waren wirklich nicht sehr groß."
„Eben", gab Heinz nicht ohne Stolz zurück, „und deshalb habe ich die Lupe besorgt."
„Ach Heinz, du bist doch wirklich zu nett", bedankte sich Catherine und umarmte ihn, was ihr zuvor noch nie passiert war, wie sie mir später auf dem Fahrrad gestand.
Als wir uns von Heinz verabschiedeten, sagte Catherine, mit dem Auge zwinkernd zu ihm: „Wenn du wieder eine Gerätschaft für mich hast, melde dich bitte, Heinz, dann haben wir wieder einen Grund, uns zu sehen."
„Ich werde sehen, welcher Vorwand sich finden lässt", entgegnete Heinz, nicht ohne den Mund etwas humoristisch zu verziehen.
Als Catherine und ich wenig später auf den Fahrrädern nebeneinander her fuhren, sagte ich zu ihr: „Ihr beide habt schon eine etwas merkwürdige Freundschaft."
Aber alles, was sie darauf antwortete, war: „Ich weiß", und nichts weiter.
Sie sah in Richtung der Wiesen, als wenn sie nach etwas suchte, um vom Gesprächsthema abzulenken, vielleicht etwa so: „Sieh mal da, Rehe, sind die nicht süß", oder: „Guck mal, Schwäne". Da aber weder Schwäne noch Rehe zu sehen war, sagte Catherine weiter gar nichts und guckte so, als wenn Sie dächte: „Als Power

Kati habe ich es nicht nötig, mich irgendwie wegen der Freundschaft mit Heinz zu erklären". Da Catherine ja aber gar nicht Power Kati ist, konnte sie dies ja gar nicht gedacht haben.

Und so fuhren wir weiter auf Spurwegen, durch Rapsfelder und abgezäunte Wiesen hindurch: auf zu Bauer Dietrichsen, auf zur Tasse der Herzogin von Schönbrook.

Als wir auf Dietrichsens gepflasterten Hof hinauffuhren, kam er gerade mit seinem Trecker vom Feld. Wir duckten uns, weil er eine riesige Stapelgabel angebracht hatte. Aber er winkte nur lächelnd ab: So wäre es ja nicht, dass er nach sechsundzwanzig Jahren beruflicher Tätigkeit sein Gefährt nicht im Griff habe.

Mit laufendem Motor hielt er neben uns und fragte laut rufend, was uns denn auf seinen Bauernhof verschlage.

„Historische Ermittlungsarbeit", gab Catherine prompt zurück, woraufhin Bauer Dietrichsen für den Bruchteil eines Momentes ernst dreinsah, uns dann aber mit einer freundlichen Handbewegung einlud, unsere Fahrräder im Fahrradständer neben der Tür abzustellen.

Wir traten mit ihm zusammen in die Diele, darin roch es ländlich, aber angenehm. Dietrichsen rief in Richtung Küche: „Lene, wir haben Besuch, einmal Kuchen und Kakao."

„Das mit dem *Bitte* hast du wohl immer noch nicht gelernt", kam es in barschem Ton aus der Küche zurück. Aber Bauer Dietrichsen winkte nur ab: „Fruunslüüt".

Als Catherine und ich noch überlegten, ob hier ein Lächeln angebracht war oder nicht, kam Frau Dietrichsen schon mit einem Tablett in die gute Stube, auf dem die gewünschte Mahlzeit stand. „Setzt euch doch, Kinder", sagte Frau Dietrichsen, und wir nahmen auf der Couch Platz, die mit einem schönen Blumenmuster bestickt war.

Sie setzten sich uns gegenüber, und luden uns ein, uns vom Kakao und den selbstgemachten Apfelschnitten zu bedienen, was wir gerne taten.

Von Zeit zu Zeit nahmen sie einen Schluck Kaffe, den die Bauersfrau ebenfalls zubereitet hatte. Dabei sahen sich die beiden manchmal an; und das erinnerte gar nicht mehr an den Tonfall des Wortwechsels, den sie kurz zuvor noch zwischen Wohnstube und Küche geführt hatten.

Nach einer Weile war dem aufmerksamen Schweigen von Herrn Dietrichsen, das in unsere Richtung gewandt war, zu entnehmen, dass er uns aufforderte zu sagen, was der Gegenstand unseres Erscheinens sei.

„Die Tasse der Herzogin von Schönbrook", fuhr Catherine geradewegs los, woraufhin sich auf Dietrichsens Gesicht wieder der leicht ernst-nachdenkliche Blick abzeichnete, der bereits kurz zuvor auf dem Trecker zu sehen gewesen war. Aber dann sah er seine Frau freundlich an, und die sagte: „Ja, wir haben historische Tassen aus der Kalmstedter Porzellanmanufaktur, der die Herzogin einst vorgestanden hat".

„In der Diele steht ein ausgedienter Küchenschrank, in dem wir sie verwahren", ergänzte der Bauer freundlich.

„Kommt nur mit, Kinder", ergänzte Frau Dietrichsen, „wir zeigen sie euch."

Da wir einstweilen sowieso keine Zeit zu staunen hatten, gingen wir einfach mit und sahen zu, wie der Bauer eine Tür des alten Küchenschranks öffnete.

Zu sehen war eine Menge Geschirr, vornehmlich Kaffee- und Teegeschirr.

Das Muster des Geschirrs ähnelte demjenigen von Lindas Tante Irmtraud sehr. Jetzt sagte die Bauersfrau:

„Das Porzellan sieht einander zwar sehr ähnlich, aber es stammt dennoch aus verschiedenen Manufakturen. Was sucht ihr denn im Bestimmten? Zur Zeit der schönbrookschen Herzogin ist so einiges an Porzellan hergestellt worden."

„Wir meinen die Tasse, aus der die Herzogin von Schönbrook einmal getrunken haben soll."

„Ach so, um diese Legende geht es euch, ich hätte es mir gleich denken sollen", lächelte die Bäuerin in sich hinein.

„Das ist keine Legende", entgegnete der Bauer ernst und ein wenig verträumt zugleich.

„Wie auch immer", entgegnete die Frau sachlich und sagte dann: „auf jeden Fall brauchen wir jetzt eine Lupe; die Aufschriften auf den Tassenböden sind doch recht klein."

Im Nu hatte Catherine Heinz` Lupe hervorgezogen und reichte sie Frau Dietrichsen: „Hier."

„Das ist ja unglaublich, man könnte meinen, du bist das Fräulein Power Kati", sagte die Bäuerin wie selbstverständlich; und wenn

Catherine doch Power Kati wäre, hätte sie jetzt wahrscheinlich gedacht: *Hätte ich nicht gedacht, dass die Heldentaten von Power Kati schon bis auf das Land vorgedrungen sind.* Aber da es nicht so zu sein scheint, denke ich es vorerst einmal stellvertretend für sie.
Frau Dietrichsen holte einige Tassen mit Untertasse hervor und stellte sie auf das Ablagebrett des Schrankes. Catherine nahm eine Tasse; sie war tatsächlich aus der Kalmstedter Porzellanfabrik, anno 1786, wie Catherine vorlas.
Sie drehte die zweite Tasse um und blickte durch die Lupe auf die Gravur. „Ich habe sie", sagte Catherine verblüfft. „Zeig` mal bitte her", bat ich und sah meinerseits auf den Tassenboden, auf dem geschrieben stand: *„Kalmstedt, manufactured anno 1787- Hrzgn.v.S."* Bumm, zack, als wäre es weiter nichts.
Catherine jubelte: „Ja, wir haben sie! Linda, gimme five". Ich schlug ein und musste lachen.
„Warum lachst du", wollte sie wissen, aber das konnte ich ihr nicht beantworten.

„Da hatten wir ja wirklich großes Glück", sagte Frau Dietrichsen jetzt, und: „Ihr könnt sie gerne haben."
„Oh, danke", war Catherine begeistert und fiel ihr um den Hals.
Herr Dietrichsen bestätigte das alles mit einem wohlwollenden Blick.
„Ich glaube, meine Tante Irmtraud ist auch an weiteren antiken Tassen aus Kalmstedt interessiert", ergänzte ich, obwohl mir dies in diesem Moment verhältnismäßig unwichtig war.
„Das ist in Ordnung", sagte Frau Dietrichsen, „Irmtraud kann ja diesen jungen Zivi - wie heißt der noch gleich - jedenfalls kann sie den jungen Mann, der ihr manchmal im Garten hilft, vorbeischicken und das Porzellan abholen lassen. Sie wird schon eine angemessene Summe zahlen."
„Das ist nett von Ihnen, Frau Dietrichsen", bedankte ich mich, „allerdings ist dieser junge Mann kein Zivi."
„Ist schon recht", gestand sie ein und fuhr fort, „Jochen ist sein Name, genau, jetzt erinnere ich mich wieder. Gräfin Irmtraud, ach nein, deine Tante Irmtraud kann ihn ja dann rumschicken."
Lachend bestätigte ich: „Geht in Ordnung."

Wir verstauten die Tasse vorsichtig, verabschiedeten uns kurz und machten uns mit den Fahrrädern auf den Weg zu Jochen.
Wir gaben Vollgas, obwohl uns wegen der Tasse etwas mulmig war, aber ohne Beschädigung des wertvollen Porzellans kamen wir bei Jochens Gewächshaus an.

Jochen stand vor Holzgewächsen, es schienen wieder Kirschbäume zu sein und sagte, in die Richtung der Gewächse gerichtet: „Na warte, irgendwann kriege ich euch."
Von seiten der Pflanzen kam keine Antwort, stattdessen riefen wir: „Wir haben sie, wir haben die Tasse der Herzogin von Schönbrook."
„Zeigt her", war er erstaunt, „das ist ja unglaublich". Rasch drehte er die Tasse um und überzeugte sich von der Echtheit des Fundes. „Ich gratuliere, das war eine ordentliche kriminalistische Leistung".
„Ordentlich?", entgegnete Catherine zuerst leicht aufgebracht, winkte dann aber ab.

Mit einem Blick ins Unendliche sagte er kurz daraufhin: „Habt ihr heute Morgen meine Mitteilung auf dem Mobiltelefon bekommen?"
Wir bejahten und sagten, dass wir zuerst die Tasse der Herzogin holen wollten.
„Das ist ja alles schön und gut, nur...", gab er zurück und zögerte, sagte aber schließlich: „hört zu, was ich herausgefunden habe."
Er holte ein Buch hervor, an dessen Markierung zu sehen war, dass es aus der örtlichen Leihbibliothek stammte, und las vor:
„Bei aller Großherzigkeit der Herzogin von Schönbrook zu den jährlichen Frühjahrsfeierlichkeiten sei Folgendes zu erwähnen: Die Herzogin willigte im Jahr 1788 in die gesetzliche Bestimmung ein, dass die Landwirte der Region den Großteil ihrer Ländereien an die regionalen Großherzoge und Großfürsten abzutreten hatten. Anschließend verpflichteten sich die Bauern, auf diesen Ländereien als einfache Landarbeiter tätig zu sein. Sämtliche Gewinne und Erträge aus den Ländereien hatten von da an in die herzoglichen und fürstlichen Kassen zu fließen."
Catherines Gesicht errötete sich, sie schien innerlich zu kochen. Dann nahm sie den Beutel mit der Tasse, schwang sich - wie wir

durch die Scheiben des Gewächshauses sahen – auf ihr Fahrrad und fuhr in Volltempo los.

Mit einem Blick signalisierte ich Jochen, dass auch ich verstand. Letztlich dienten die Geschenke der Herzogin zu den Frühjahrsfeierlichkeiten nur dazu, die Landleute zu besänftigen und bei Laune zu halten. Und als ob Jochen meine Gedanken las, ergänzte er: „Und unsere schönbrooksche Herzogin hat dem ganzen Schlamassel zugestimmt." Er zeigte mir den historischen Lederband, der eine Abbildung der Bestimmung enthielt.

Ich bat Jochen, mir sein Mobiltelefon zu geben und wählte Heinz` Handynummer. Er war dran, und nach ein paar Wortwechseln hatten wir uns darauf geeinigt, uns an der alten Holzbrücke zu treffen, um herauszufinden, wohin sich Catherine verkrümelt hatte. Er hoffe, dass der Tasse nichts geschehen sei.

Ich schüttelte mit dem Kopf, typisch Jungs, aber das konnte er durch das Handy ja nicht sehen, leider.

Als ich an der Brücke ankam, stand Heinz schon mit seinem Bonanzarad da. Seitlich bremsend kam ich zum Stehen, und Kies flog zur Seite.

„Vielleicht fahren wir erst einmal auf die Insel", schlug ich vor, und Heinz nickte.

Wir bollerten über die Holzbohlen, und als wir zwischen den Schilfhalmen auf der Insel angelangt waren, sahen wir Catherine schon von hinten. Sie saß auf dem Bootssteg.

Wir stellten unsere Räder ab und liefen zu ihr hin.

„Catherine, da bist du ja", sagte ich, und Heinz ergänzte, wie nicht anders zu erwarten: „Wo ist die Tasse der Herzogin von Schönwalde?"

„Herzogin von Schönbrook, wenn schon!", sagte Catherine ärgerlich, ein ungewolltes Lachen verdrückend und wischte sich eine Träne ab, jedenfalls sah es für mich so aus.

Ich setzte mich neben sie, legte ihr die Hand auf die Schulter und wusste nichts anderes zu fragen als: „Und wo ist sie, die Tasse?".

„Ach, diese dämliche Tasse", gab sie zurück, „die liegt im See."

„Zwischen Schlingpflanzen und Moderdreck", fügte Heinz, anscheinend ironisch, hinzu.

„Wirklich? Du hast sie weggeworfen?", wollte ich wissen.

„Ja", antwortete sie und wischte sich mit dem Pulliärmel über die Wange.
„Das hast du richtig gemacht", bestärkte ich sie, „diese dämliche Herzogin, wenn ich das gewusst hätte."
Unerwartet vernahmen wir von hinten eine recht tiefe, aber bekannte Stimme; diese gehörte zu Jochen, und der sagte: „Das wäre zu prüfen, ob die Herzogin, wie du sagst, dämlich war, womit wohl ´gemein´ gemeint sein soll."
„Stimmt", sagte ich spitz, „genau das meint Catherine."
„Ich verstehe ja eure Enttäuschung, und ihr kennt meine Vorbehalte gegenüber Adelspersonen aus alter Vorzeit", fuhr Jochen fort, „aber es kann sein, dass die Herzogin von ihren Beratern gezwungen wurde zu unterschreiben; oder man hat ihr ein Durchpauspapier untergelegt und so ihre Unterschrift betrügerisch auf den Vertrag heraufbekommen."
„So was kann sein?", fragte ich.
„Leider, vieles gibt es und gab es in der Geschichte", bestätigte Jochen und blickte auf die Baumgruppe, die das gegenüberliegende Ufer des Sees säumte.
„Wäre doch schön, wenn die Herzogin eine gutherzige Frau gewesen ist", fand ich.
„Ja", bestätigte Catherine, „aber das kriegt man wohl kaum heraus".
Jochen bestätigte Catherines Gedanken und sagte, dass er keine weiteren klärenden Dokumente in dieser Sache gefunden habe.
Unvermittelt sagte Catherine: „Dann wurden den Dietrichsens damals bestimmt auch Ländereien weggenommen."
„Ja", bestätigte Jochen, „ich fand diesbezüglich ein Notiz in den örtlichen Annalen."
„Deswegen war Herr Dietrichsen wohl anfangs etwas ernst, als wir dieses Thema angesprochen haben", überlegte Catherine.
„Ja, jetzt wird mir das auch klar", bestätigte ich, „aber es war nett, dass sie uns trotzdem die Tasse gegeben haben."
„Wahrscheinlich haben sie jetzt endlich mit diesem Thema abgeschlossen", fuhr Jochen sinnierend fort.

Heinz stand unterdessen am Holzzaun und schien an etwas ganz anderes zu denken. Ich fragte ihn: „Was meinst du denn dazu, wie ist deine Einschätzung?"

Aber er antwortete nur: „Jaja, ihr habt Recht." Eigentlich hätte ich jetzt wieder sauer reagieren müssen, was aber nicht der Fall war, denn ich spürte instinktiv, dass er etwas ausbrütete, und zwar etwas, bei dem ich nicht denken würde: „Ach, Jungs!". Aber ich wusste nicht, was es war, das er sich vor seinem inneren Auge zurechtlegte. Ich wäre gerne dahintergekommen, aber das ging selbstverständlich nicht einfach so.

Jochen war inzwischen zu einem anderen Thema übergegangen. Er sprach irgendetwas von blonden, langen und schwarzen, glatten Haaren. Auf Nachfragen meinerseits, sagte er, dass ihn zur Zeit lange blonde, leicht wellige Haare ziemlich durcheinanderbrächten, was er nicht so recht verstehe, weil es vor einiger Zeit noch glatte halblange, dunkelbraune Haare waren, die ihn bei dem Anblick einer Frau unruhig werden ließen.
Catherine brauchte sich die Wangen nun nicht mehr mit dem Pulliärmel abzuwischen und grinste rundherum, indem sie zu Jochen sagte: „Es ist Katja aus der Stadtbücherei und nicht irgendeine Haarfarbe."
„Meinst du?", sagte Jochen in Gedanken vertieft, ging zum Holzzaun und nahm sich Heinz` Bonanzarad, um damit wegzufahren. Als er dies bemerkte, stellte er dies wieder ab, nahm sein eigenes und radelte über den Holzsteg davon.
Süß, hätte man hier denken können, aber wir dachten irgendetwas anderes. Was, weiß ich gar nicht mehr.
„Lasst uns fahren", sagte ich in die Runde und Catherine willigte auch gleich ein. Nur Heinz blieb am Holzgatter stehen und sagte, dass er noch etwas überlegen wolle.
Wir ließen ihn in seinen Gedanken, nahmen unsere Räder und fuhren über den Bohlenweg nach Hause.

# 9

Catherine, Jochen und ich saßen bei meiner Tante Irmtraud, die uns zu Kaffee und Kuchen eingeladen hatte. „Glücklicherweise sind heute meine Kaffeefrauen nicht dabei", sagte sie und goss Jochen von ihrem aufgebrühten Bohnenkaffee nach. „Danke", entgegnete Jochen und fügte hinzu, „warum bist du froh, dass deine Kaffeebekanntschaften nicht da sind? Ich denke, ihr versteht euch so gut."

„Du hast ja recht, mein Jochelchen", gab Tante Irmtraud zurück, „ich mag Frau von Gütershof, meine alte Schulfreundin Tilda und die anderen auch wirklich gerne, aber manchmal können sie einem schon auf die Nerven gehen."

„Ich verstehe", sagte Jochen unter einem leichten Lächeln und nahm einen Schluck von dem eben nachgeschenkten Bohnenkaffee.

Als Tante Irmtraud mir gerade zu meinem Glas gelber Brause ein Stück Kirschkuchen von der Glasvitrine herüberreichen wollte, rumpelte es am Fenster. „Huuch, was ist denn das schon wieder?", erschrak sie, fasste sich aber schnell und sagte, „das Fräulein Power Kati kann es diesmal wohl kaum sein. Die sitzt ja hier am Tisch und isst Kirschkuchen", wobei sie sich ein schelmisches Grinsen nicht verkneifen konnte. Ich sah forschend zu Catherine hinüber, denn sie schien selbst verwundert. Und Catherines Verwunderung steigerte sich, als nun wirklich eine vermummte Person an einem Seil durch das Fenster hineingeschwungen kam. Ich erschrak, denn ein Blumentopf flog auf mich zu, den Power Kati - oder wer immer die dunkle Gestalt auch war - mit dem Fuß erwischt hatte. Die dunkle Gestalt landete etwas wackelig, aber mit beiden Beinen auf dem dunkelblauen Teppichboden.

Im Gegensatz zu mir war Tante Irmtraud gar nicht weiter verwundert und sagte zu der Gestalt: „Kommen Sie nur herein. Ich kenne das schon; ich bekomme inzwischen regelmäßig stürmischen Besuch durchs Dachfenster."

Unbeeindruckt von Tante Irmtrauds gelassenem Empfang, sagte die dunkle Gestalt, die ein dunkelblaues Shirt mit den aufgenähten Initialen PK trug: „Mein Name ist Power Kati. Ich komme, um Ihnen etwas zu bringen."

Nun war Tante Irmtraud doch erstaunt und stellte die Karaffe mit Orangensaft auf der Anrichte ab und sagte ratlos, indem sie zu Catherine hinübersah: „Ja, aber wie können Sie Power Kati sein, wenn doch..."

Aber die dunkle Gestalt, also Power Kati, fuhr fort, wenn auch eine leichte Unsicherheit nicht zu übersehen war: „Ich erbitte mir Ruhe, meine Dame, ich stelle hier die Fragen."

„Huuch", entfuhr es Tante Irmtraud erneut, „Sie sind ja heute roh mit mir, richtig romantisch. Werde ich womöglich noch entführt, das wäre herrlich."

Die dunkle Gestalt namens Power Kati entgegnete: „Eigentlich habe ich dafür keine Zeit, aber wenn Sie weiter so herumplappern, überlege ich es mir vielleicht noch einmal anders."

„Nanana", reagierte Tante Irmtraud jetzt wirklich leicht verärgert, „nun werden Sie mal nicht frech, junge Frau. Im Übrigen, warum sind Sie gekommen; was ist der Grund Ihres Erscheinens, Fräulein Kati?"

„Ich bringe die Tasse der Herzogin von Schönbrook", sagte die dunkle Gestalt rundheraus.

„Die Tasse der Herzogin?", schrak Tante Irmtraud auf, „ja, aber, ich dachte, die liegt im Tannenbrooker Teich. Jedenfalls haben das die jungen Leute erzählt", sagte sie und wies mit dem Tortenheber auf Catherine, Jochen und mich.

Aber kurz darauf richtete sie den Blick zuerst zufällig, dann immer deutlicher auf die Füße der Power-Kati-Gestalt, die sich in quatschnassen Surfschuhen befanden, um die noch ein paar Algenreste herumhingen.

Irmtraud schlug sich die Hände vors Gesicht und sagte: „Du hast sie herausgeholt, du hast die Tasse tatsächlich herausgeholt, das ist ja unglaublich."

Zunächst verlegen auf ihre nassen Füße herabblickend, dann entschlossen entgegnete Power Kati: „Das tut nichts zur Sache. Ich bringe die Tasse, die in den letzten Tagen allerhand Aufsehen erregt hat. Aber wie ich höre, sind die Konversationen rund um die Tasse und die Herzogin abgeschlossen, so dass es für mich der richtige Zeitpunkt schien, die Tasse nunmehr an die rechtmäßige Eigentümerin zurückzugeben."

Tante Irmtraud nahm die Tasse dankend aus Power Katis Händen an und sagte: „Das ist aber sehr nett von Ihnen, vielen Dank, Sie sind ja ein echtes Gentlegirl."

Sich leicht räuspernd, sprach Power Kati davon, dass es doch eine Selbstverständlichkeit sei, und kaum merklich war sie daraufhin mit ein paar Rückwärtsschritten zum Fenster gelangt und schließlich am Seil wieder zurück durchs Fenster hinausgeklettert.

So schnell es ging, liefen wir zum Fenster, um Power Kati nachzusehen, aber wir sahen nur noch, wie sie bereits auf dem Hof angelangt war und ums Regenrohr bei der Hausecke verschwand.
Zuerst aufgeregt, dann zunehmend nachdenklich werdend, gingen wir zum Kaffeetisch zurück und setzten uns.
Catherine nahm die Tasse der Herzogin in die Hände, drehte sie mehrmals in den Händen herum und sah sie sich nachdenklich an. Tante Irmtraud goss ihr Kakao in die Tasse ein, die Catherine vor sich abstellte. Dabei sah sie auf die ihr gegenüberliegende Wand, auf der aber nichts als das gerundete Tapetenmuster zu erkennen war.

→

# 10

Wir fuhren mit den Fahrrädern durch die verkehrsberuhigte Zone und sahen vor der Eisdiele Jochen mit einer jungen Frau sitzen. Lange, leicht wellige blonde Haare waren bei der jungen Dame auszumachen; es musste Katja aus der Stadtbücherei sein. Winkend fuhren wir vorüber. Die beiden grüßten freundlich zurück, und kurz bevor wir abbogen, sah es im Rückspiegel meines Bonanzarades so aus, als ob sich ihre Gesichter einander näherten, aber das war nicht mit aller Bestimmtheit zu sagen, weil das Straßenpflaster hier recht holperig ist.

# Epilog

Eben habe ich Lindas Poesiealbum gefunden, in das sie ihre Aufzeichnungen des letzten Sommers geschrieben hat.
Selbstverständlich war es Heinz, mein Technikermeister, der mir wieder einmal - es muss das dritte Mal gewesen sein - aus der Patsche geholfen hat, indem er sich als Power Kati ausgegeben und verkleidet hat. Der Unterschied bestand diesmal nur darin, dass ich nichts davon wusste. Ich wusste auch nicht, dass Heinz extra seinen Vater, der freiwillig beim örtlichen Technischen Hilfswerk tätig ist, herangeholt hat, um die Tasse aus dem Tannenbrooker Teich herauszuholen. Wie Heinz nachher bescheiden angedeutet hat, müssen die Leute vom THW schweres Gerät herbeigebracht haben, und eine kleine Gruppe professioneller Taucher hat das begehrte Objekt dann geortet und heraufgeholt.
Heinz hofft natürlich, dass ich ihm meinen Dank auf eine bestimmte Weise zeige, aber das habe ich nicht getan oder jedenfalls nur andeutungsweise.

*Gruß: Eure Catherine*

Bei BoD sind von Stefan Burchert bisher erschienen und erhältlich:

1. Power Kati legt los.
   ISBN 3-8334-0254-7

2. Kati – übernehmen Sie! Power Kati – Band 2.
   ISBN 3-8334-4960-8

3. Mega Marisa kommt zu Besuch; Power Kati und die Tasse der Herzogin von Schönbrook. Power Kati – Band 3.
   ISBN 9783844819724

4. Wanderung im Teutoburger Wald; Iris auf Abwegen — Zwei Kurzromane und andere Erzählungen.
   ISBN 3-8311-2966-5

5. Die Kostantinische Wende — Eine zusammenfassende Darstellung zentraler Aspekte.
   ISBN 3-8311-2967-3

6. Das Gleichnis vom verlorenen Sohn — Eine zusammenfassende Darstellung zum Verständnis des Gleichnisses.
   ISBN 3-8311-2968-1